2003年改訂版

教育評価法概説

原著者　橋本重治

改訂版編集　（財）応用教育研究所

図書文化

「2003年改訂版」の刊行にあたって

　本書は，昭和29年に金子書房から刊行され，その後数度の改訂を経て絶版となっていた橋本重治氏の『教育評価法概説』を改訂・増補したものである。
　原著は，教育評価についての理論的，実践的内容を含み，広範な領域にわたり，しかも偏りなく論述したものであり，教育評価の標準的テキストともいえる名著である。刊行以来多くの人々に活用されてきたが，改訂すべきあじを失って絶版となっていた。その後，教育観，評価観の変化に伴い，教育評価に対する関心や教育評価の研究，実践に役立つ書物への要望が高まった。そこで，このような期待に応えるために原著の趣旨を継承しながら，今日の教育評価の動向をふまえて，今回，かつて橋本氏が所長を務めておられた当研究所で改訂・増補を行うことにした。
　教育評価は，もともと教育や指導の結果がその目的，目標をどの程度達成しているかをみることと考えられ，その結果は指導の改善にも利用された。しかし，今日ではこれを広義にとらえて，評価は指導の結果（学力）だけでなく，その過程やそれに影響する条件，例えば，本人の能力や適性，環境などについて資料を集め，種々の教育的決定をする手続きまで含めている。この処遇決定のための資料を収集することに重点をおく場合には，アセスメントという言葉も用いられる。
　このような教育評価には，今日，変化がみられるが，その第1は，認知心理学，構成主義の影響による。認知心理学では，学習者が外界からの刺激，情報を取り入れていく内的な学習過程とその知的操作によって生じる認知構造の変化を重視し，構成主義では，知識は受動的に伝達されるものではなく，主体的に構成されるものであると主張する。そこで，評価では，結果よりも過程を，知識・理解よりも思考力・判断力を重視するようになった。
　特に，1990年代になると，評価は，教授と学習を支援するために用いられるべきであるという主張が高まり，オーセンティック・アセスメント（真正の評価）をめざし，何を知っているかだけではなく，実際に何ができるかを評価しようとする。そこで，パフォーマンス・アセスメントやポートフォリオ・アセ

スメントなどが提唱されるようになった。

変化の第2は，個性を重視する教育の影響による。教育では，一人一人の学力の向上をめざし，習熟の程度に応じた指導と個に応じた指導を重視するところから，教育評価，ことに学習評価への関心が高まった。平成10年改訂の新学習指導要領では，基礎的・基本的な内容を身につけ，自ら学び自ら考える力などの生きる力の育成をめざし，この目標の実現状況を的確に把握し，学習指導の改善に役立つ評価が重視された。そこで，平成13年改訂の指導要録では，小学校・中学校の学習評価が目標基準準拠評価（いわゆる絶対評価）で行われることになり，この評価の評価規準や判定基準が問題になるにつれて学習評価への関心がいっそう高まった。

変化の第3は，教育的責任への関心の高まりの影響による。教育的責任は教育にかける費用に見合う成果を上げるための教育当事者の責任（成果責任）とその成果を報告する責任（説明責任）を含んでいる。アメリカでは，学校の責任を問う運動は1970年代半ばから盛んになり，たいていの州と学区は定期的に共通の学力検査を実施し，学校ごとの結果を報告している。わが国でも，今日特色ある学校経営，学校選択の自由，学校評価，情報開示，学校評議員制などが課題となり，学校の教育的責任に関心がもたれるようになった。この点からも教育評価の役割が重要になり，教育評価への関心が高まっている。

このような教育評価の動向を考えて，改訂・増補を行った。編集には辰野千壽，石田恒好の両名があたり，執筆には次の所員のご協力をいただいた。多忙な折，快く改訂にご協力いただいたことに謝意を表する。

辰野千壽（1，2章），石田恒好（3，12章），長澤俊幸（4，11章），宮島邦夫（5，7章），村主典英（6，8章），海保博之（9章），桜井茂男（10章），服部環（付章）

また，改訂版の刊行を快くご承諾いただいた千代香夫人と金子書房のご好意に心からの謝意を表する。

教育関係者に本書を広く活用していただければ幸いである。

平成15年5月

財団法人 応用教育研究所所長　辰野千壽
文教大学学長・応用教育研究所所員　石田恒好

目　次

第1部　教育評価の意義と考え方

第1章　教育評価の意義と歴史 ——————————————10
　　Ⅰ　教育評価の意義と機能———10
　　Ⅱ　教育評価の目的———12
　　Ⅲ　評価，測定，アセスメント———14
　　Ⅳ　教育評価の歴史———18

第2章　教育評価の領域と手順 ——————————————27
　　Ⅰ　教育評価の領域———27
　　Ⅱ　教育評価の手順と方法———29
　　Ⅲ　教育評価の研究テーマ———38

第3章　絶対評価と相対評価 ——————————————40
　　Ⅰ　絶対評価・相対評価の問題の歴史と背景———40
　　Ⅱ　絶対評価・相対評価の意義と特質———43
　　Ⅲ　絶対評価・相対評価の利用法———49

第2部　評価資料収集の技法

第4章　資料収集のための技法（1）—テスト法— ——————56
　　Ⅰ　客観テスト———56
　　Ⅱ　論文体テスト———64
　　Ⅲ　問題場面テスト———66
　　Ⅳ　質問紙法———69
　　Ⅴ　口答法———70

第5章　資料収集のための技法（2）―教師自作テストと標準検査―――― 72
 Ⅰ　教師自作テストと標準検査―――― 72
 Ⅱ　集団基準準拠標準検査の作り方と結果の解釈法―――― 75
 Ⅲ　目標基準準拠標準検査の作り方と結果の解釈法―――― 80

第6章　資料収集のための技法（3）―観察法・評定法その他―――― 83
 Ⅰ　観察法―――― 83
 Ⅱ　作品法―――― 84
 Ⅲ　評定法―――― 85
 Ⅳ　逸話記録法と面接法―――― 89
 Ⅴ　自己評価―――― 90
 Ⅵ　相互評価と集団の把握―――― 92
 Ⅶ　ポートフォリオ―――― 95

第3部　学習評価の手順と実際

第7章　学習評価の手順―――― 100
 Ⅰ　教育目標の分類と具体化―――― 100
 Ⅱ　診断的評価・形成的評価・総括的評価―――― 106
 Ⅲ　学習評価の一般的手順―――― 111

第8章　学習評価の実際―――― 124
 Ⅰ　観点別評価の原理と方法―――― 124
 Ⅱ　標準学力検査の利用法―――― 134
 Ⅲ　学業不振と学習障害の診断―――― 137

第4部　知能・適性・人格の評価

第9章　知能・適性の評価―――― 144
 Ⅰ　知能とは何か―――― 144
 Ⅱ　知能検査とその利用―――― 148
 Ⅲ　適性検査―――― 154
 Ⅳ　学習適応性検査―――― 157

第10章　性格・行動・道徳の評価————————————————160
　　Ⅰ　人格評価の目標————160
　　Ⅱ　性格検査法————163
　　Ⅲ　行動・道徳の評価法————169

第5部　学級・学校経営の評価

第11章　教育計画の評価・学校経営の評価————————————174
　　Ⅰ　教育計画の評価の意義と必要性————174
　　Ⅱ　教育計画の評価の方法————177
　　Ⅲ　教育計画の評価の実際————179
　　Ⅳ　学校評価————184

第12章　補助簿・通信簿・指導要録・内申書———————————190
　　Ⅰ　補助簿————190
　　Ⅱ　通信簿————191
　　Ⅲ　指導要録————195
　　Ⅳ　内申書————200

付　章　教育統計——————————————————————203
　　Ⅰ　分　布————204
　　Ⅱ　分布の型————206
　　Ⅲ　得点の標準化と正規分布————208
　　Ⅳ　相関係数————212
　　Ⅴ　テストの妥当性と信頼性————214
　　Ⅵ　項目反応理論————216

付　録　小学校児童指導要録　222／中学校生徒指導要録　225
参考文献　228
事項索引　230
人名索引　235

第 1 部

教育評価の意義と考え方

第1部 教育評価の意義と考え方

第1章 教育評価の意義と歴史

I 教育評価の意義と機能

1 教育における評価の意義

　今日，教育は1つのシステムをなすとされ，評価はその中の不可欠の一環として考えられている。すなわち，教育は，教育目標を中心に，それを達成することに関連した生徒の能力・適性，指導計画，指導内容，指導法，評価法等が有機的なシステム*を形成した存在である。いま，これを，①教育目標，②計画と指導，③評価の3つの部分に大別して図にすると，図1.1のように示すことができる。このように，この3つの部分は相互に規制し規制され合う関係にあるのであるが，このシステムの中で評価が不可欠の位置と役割をもっているのである。教育目標を達成するためにそこに立案・実施された計画と指導法が，はたして所期の成果を上げ得ているかどうかは，評価によってこれをチェックしてみなければわからない。すなわち，評価が，その教育目標を評価の規準として，それがどれだけの成果（出力）を上げているかについての評価情報を作り，これを教師にフィードバック（feedback）**してこそ，はじめてその計画や指導の成功・失敗が明らかとなり，改善の方途が示唆されるのである。
　こうした評価情報は，ひとり教師にフィードバックされるだけではなく，さらに，学習者である生徒自身にもフィードバックされて，その自己評価を促し，

＊　システムとは，一般に，①秩序ある全体であること，②目的をもっていること，③入力・出力があること，④フィードバック機能をもっていること等の諸条件を備えたものであると考えられている。
＊＊　フィードバックとは，「返す」「戻す」「返還する」「還元する」といった意味で，ここでは教育活動の結果（出力）についての情報を，振り出し（教授者や学習者）に戻すことである。それは今後の指導や学習を統御するのに役立つのであって，教育システムには欠き得ない重要機能である。

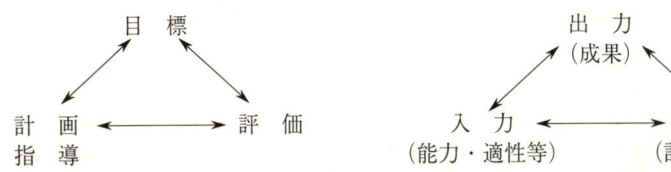

図1.1 教育システムにおける評価の位置　　図1.2 入力，出力および処遇の関係

その後の学習を自分で調整するようにも利用される。

　また，教育評価の意義と役割をもう少し具体的に理解するには，これまで述べた教育システムの考え方を少し変更して，その中の入力と出力と処遇（教育計画や指導法）の3つの関係で考えてみるのが便利である。それを示したのが図1.2である。入力（input）とは，生徒の能力・適性・性格・努力・環境の影響等を意味し，これが図に示したように出力（output）すなわち教育の成果を左右する。もともと入力の著しく低い生徒に高い出力を求めることには無理がある。また，図1.2に示すように，出力を高めるには教師は適切な処遇法を講じなければならないが，そのための適切な指導計画・指導内容・指導法を選択・決定するには，事前に入力に関する情報を求め，それを参考にして決定しなければならない。このようにして，今日の科学的教育運営においては，単に教育成果すなわち出力に関する情報を求めるための評価のみではなく，さらに生徒の知能・適性・既有の学力・性格・興味・習慣・環境等の入力に関する情報どりのための評価をも必要とするのである。さらに，その教育計画（カリキュラム）や指導法など処遇法自体もまた評価の対象となるのである。

　教育において，常にわれわれは，いろいろな問題の解決のためにどういう手段を選択するかの決定に迫られている。たとえば，一人一人の生徒の学習指導上の決定，単元指導計画の決定，生活指導や進路（学）指導上の選択決定，学級編成や学習グループ編成上の決定，学級・学校経営上の決定，さらに大きくは市・県・国の教育計画の選択決定などがそれである。これらの教育問題に関して賢明な選択と決定を下すには，できるだけ客観的で豊富な情報や資料を必要としている。ここに教育評価の意義と必要があるのである。

2　評価のフィードバック機能

　評価は，いろいろな入力や出力および教育計画などについての情報を作り，

これを教師や生徒等にフィードバックして，その指導や学習を調整するように用いるところに，その意義と機能が認められるのであるが，この評価情報をフィードバックするという評価の機能は，いったいどんな教育的効果を包含しているのであろうか。これはまさに学習心理学の問題であって，従来の研究から次のようなものと考えられる。

① 教師には指導結果の，生徒には学習の結果についての確認を促す効果
② 動機づけや行動方向の規制効果
③ 努力の分配を調整させる効果
④ 正答を強化し，誤答を消去する効果
⑤ 安定感を付与する効果

以上はフィードバックのもつ積極的効果であるが，しかし他面，用いようによっては消極的効果も考えられる。たとえば，不安感の付与，誤った学習態度の醸成，生徒の自己概念の形成への悪影響等である。

II 教育評価の目的

これまで述べたことは，教育評価が本来もっている意義と基本的な機能であるが，これが教育のどのような目的に利用されるかを，まとめて以下に掲げてみよう。この評価の目的の分類は，求めた評価情報が，主としてどんな種類の教育決定の目的に用いられるかという視点からの分類である。

1 指導目的

評価の指導目的というのは，たとえば教師のような指導者の立場からの利用目的であって，より効果的な指導法や指導計画の決定の見地からの評価の利用目的である。学校における評価のもっとも重要な目的がここにあることは，昔もいまも変わりはない。具体的には次のような評価の場合がこれである。

① 個々の生徒あるいは学級のこれから1年間というような長期にわたる指導計画の立案の基礎資料を求めるために，知能・学力・性格・興味等に関する標準検査の実施
② 各教科のそれぞれの単元（教材）の指導計画や指導法を決めるための事

前評価
③ 落ちこぼしを防ぐ目的から，授業の進行中において，指導した１つ１つの基礎的・基本的な内容・目標の理解や達成の状況についての評価
④ 単元指導の終了時において，もし欠陥があれば補充指導をする目的での事後評価や，学期末や学年末において，それまで自分がとってきた指導計画や指導法の反省と今後の改善のための総括的評価等

2　学習目的

　学習者自身を評価の当事者とし，自己評価や相互評価のかたちで評価を生徒に行わせ，もって生徒の学習の自己改善を図ろうとする評価目的である。この評価目的は，過去においてはあまり問題にされなかったが，昨今きわめて重視されるようになってきた。しかしながら，生徒の自己評価が重要になったといっても，生徒は放置しておいては自己評価を行わないきらいがあるので，常に教師の指導と援助が必要とされる。

　評価の学習目的を果たさせるために，生徒に自己評価を行わせる具体的方策としては，古くから試みられてきた成績物の返却や通信簿だけではなく，日常の授業中での教師の発問に対する生徒の応答，アンサー・チェッカーの利用，生徒の学習作業の観察等に基づいての，具体的な教師の評価情報を不断に生徒に流す必要がある。学習心理学のこれまでの研究は，生徒は自分の学習の成果についての知識を与えられたとき，もっともよく進歩するということを示している。

3　管理目的

　評価の管理目的とは，学級や学習グループの編成，成績の記録・通知，高校・大学等における入学選抜決定や企業体での採用決定，各種の資格認定等において，評価の果たす目的のことである。

　評価のこの目的は，過去においてはもっとも重要な目的とされたが，今日ではむしろ前述した指導目的と学習目的などにその重点が移ったため，相対的にその重要性が低下した。しかしながら，現実問題としては，たとえば大学入試にみるごとく，いぜんきわめて重要な評価の目的であり，研究の余地が残され

ている。また，理論的に考えても，教育や職業において，青少年を適材適所に配置するための正しい意味での選別決定をするということは，今後の社会の果たすべき必要かつ正当な機能であるとともに，客観的な評価情報はいろいろな人事選考において，門閥・縁故・金権等，封建的要素の潜入を防止して，社会的公正の防壁ともなることができる。

4 研究目的

評価の研究目的というのは，たとえば社会の要請にこたえる教育課程（curriculum）の研究開発，効果的な指導法や教材・教具の研究開発などの目的に評価を利用する場合のことである。教育評価の目的としてはむしろ新しい目的であって，特にわが国ではいままでこの重要性についての理解がきわめて低調であって，今後に期待される利用目的である。

評価の研究目的は，小にしては1つの学級，1つの学校でもこれを追求することができるし，大にしては県や国の広域でも追求される。たとえば，前に「指導目的」の項で述べた学級における学期・学年末における総括的評価は，同時に研究目的の性格をも有している。また，学級や学校での標準学力検査の実施も，自学級（校）のカリキュラムや指導法の反省と改善の目的でこれを行えば，研究目的の評価となる。全県や全国の範囲でのいわゆる学力調査も，本来，この種の目的の評価である。

III 評価，測定，アセスメント

これまで教育評価の意義や目的を説明する手がかりとして，しばしば「情報」とか「評価情報」という言葉を用いてきた。評価情報は，「評価によって求められた情報」といったぐらいの意味であって，大切なものは"情報"である。情報によってこれまでの行動の修正や改善や調整が行われるのであり，いわば，情報は教育改善の手がかりである。

このような改善や調整の手がかりとしての情報をどうやって作り出すか，という方法論の立場に立つと，そこにはじめて"評価"とか"測定"とか"テスト"とか，あるいは"観察"とかの方法論的概念が問題となってくる。教育評

価ではこのような方法論的概念がきわめて重要であるから，本節ではこれらの概念の意義と相互の関連を明らかにしておこう。詳細はのちの章(第4～6章)で取り扱われる。

1　教育評価

詳しくは次節の「教育評価の歴史」で述べるが，19世紀までの長い間にわたる主観的評価と区別されるところの今日の教育評価の原点は，20世紀初頭から盛んになった教育測定（educational measurement）にこれを求めるのが至当であろう。それが，1930年代から，測定もその中に包含させたところの教育評価（educational evaluation）の語が多く用いられるように変化してきたのである。

この教育測定から教育評価への転換は，それが教育に関する評価であることをはっきりと自覚したことにあるということができる。元来，教育は目標をもった営みであり，価値や理念と連なっている。教育の目標や価値は教育計画や指導を規定すると同時に，評価の視点をも貫く背骨である。教育計画と指導の実際を支える教育目標が，そのまま教育評価を支えるということが，全教育作用の一環としての教育評価の意義を理解するのに見逃してはならないポイントである。

評価（evaluation）の語は，日本語としても英語としても，ある事象や事物の価値（value）を評することである。評価ということの中には，かつてシムス（Sims, V.N.）もいったように，「観察される事象」と「観察者の価値の尺度」の2つの要因が含まれている。教育評価は，教育に関する目標や価値を規準とし，それに照合して生徒の学習や行動や，あるいはまた教育計画の望ましさの度合いを判断するという意味である。

2　教育測定

教育測定も含めて，一般に測定（measurement）とは，観察された事象について，一定の尺度（scale）を用いて数量的結果を求める操作のことである。こうして求められた数量的結果のことを，統計用語では測度（measure）と呼ぶ。そして尺度とは，一定の測定の単位と，測定の基点（零点）とを具備したもののことである。

教育測定で使用される尺度は，たとえば偏差値，パーセンタイル，指数等であるが，これらは物理的測定における「物さし」や「はかり」ほどには精密ではない。というのは，教育測定における尺度の単位が，物さしやはかりの単位である cm や g（グラム）のように，その尺度のどの場所でもまったく等価値であるとはいえないからである。したがって，教育測定が，物理的測定ほどには精密に行われにくいことはいたしかたのないことである。

なお，教育測定における尺度の基点（零点）は，重さや長さの測定尺度における測定の基点のように，絶対的なものではなくて，任意に相対的に定められたものであるということもその特色である。たとえば，いわゆる偏差値尺度では，その測定の基点は－5SD のところにおいてある。さらに，教育測定は，自然科学の測定以上に，間接測定の性質が強い。長さや重さは「メートル」や「グラム」の単位による尺度を用いて直接的かつ絶対的測定が可能であるが，知能・学力・人格性などは，それが何らかの行動として表現されたところを間接的かつ相対的に測定し，それで知能や学力を測定したとするのである。教育測定とはこういうことである。

しかし，たとえ間接的にせよ相対的にせよ，教育測定が教育事象に関して量的資料を作り出すことができるということは，きわめて重要なことである。

3 評価と測定

評価と測定の関係であるが，「測定」は心理学的または測定学的技術として，客観的な数量的資料を生み出すことをもってその主たる関心事としているが，その数量的資料の教育的意味を明らかにすることには直接にはタッチしない。これに対して，「評価」は，教育の目標がいかに成就・達成されたかの診断とその改善進歩を志し，測定法もその資料収集の技術として用い，その所産である数量的結果は，これを価値としての教育目標に照らして解釈し，さらに教育の何らかの目的のために利用しようとする。測定は客観的な資料を作り出すこと自体に主眼があるが，評価はその資料の解釈と意味づけに重点をおく。

このように，教育評価は教育測定を排斥するものではない。測定できるものは，なるべくこれを客観的に測定して評価の資料を作り出そうとする。しかしながら，評価されるべきものの中には，たとえば態度・価値観・鑑賞・習慣・

行動性・性格等々のように，うまく客観的に測定ができにくいものが含まれている。こういうものは，主観的でも仕方がないから，観察的手段によって，その資料を求めるのである。こうして，現代評価は，量的結果を生む測定と，質的・非量的結果しか生み出さない主観的な観察的手段とを，どれも排除しないで，自分の技術として，適材適所に活用しようとする。客観的測定はもちろん尊重するが，正しく行われた主観的方法も同様に尊重する。量的資料と質的記述の両者をともに尊重するのである。

要するに，生徒のよりよき指導と教育の改善とに役立つかぎり，広くいろいろな手段を用いるというのが現代評価の真面目であるといえよう。こうして，教育測定は教育評価の機構の中に包括される。なお，評価と測定との関係は，第2章-Ⅱ「教育評価の手順と方法」を読むことでいっそうはっきりするであろう。

また，ついでにここで評価と評定の違いについても述べておこう。「評定」というのは，たとえば通信簿や指導要録の3段階評定や5段階評定のように，学業成績等について評価した結果の表し方の1つの方法である。評定では，評価結果が数字や文字など抽象的な符号で総括的に示され，管理的目的の評価に便利である。しかし授業改善や生徒の学習改善の評価目的にはあまり適切ではない。

4　測定とテスト

テスト（test）は，測定よりもいっそう狭い下位の概念であって，生徒に答えさせるための1組の問題のことである。たとえば，知能テスト，学力テスト，性格テストというように，知能や学力やあるいは性格などの測定のために作成された1セットの用具のことである。

5　アセスメント

近年，測定・評価と並んでアセスメント（assessment）という言葉がよく用いられるようになった。その際，評価とアセスメントはほぼ同義に用いられることが多いが，そこには若干ニュアンスの違いがみられる。

「評価」は本来価値判断をすること，すなわち遂行のよしあしを決めることと考えられたが，「アセスメント」は処遇（指導）を決定するために事前に必

要な資料を集め検討することをめざし，処遇の結果についての直接の価値判断をめざしていないと考えられる。そのため，臨床場面では，アセスメントという言葉を用いることが多いが，教育では，指導に役立てることをめざして，処遇の立案，実施そして評価に対して価値ある情報を与えるために多くの方法を用いて多面的に調べ，総合的に診断・評価を行うことと考えられている。総合評価ともいわれる。

IV 教育評価の歴史

　教育評価の歴史は，昔の長い主観的評価時代から，20世紀初頭における評価の客観性・信頼性を尊重した教育測定運動の発生をへて，1930年代における測定から教育の目標や価値と強く結んだ評価の考え方への転換，ついで1950年代における教育工学思想等の影響を受けて，それは教育システムにおけるフィードバック機能をもつものであるという理論的根拠を固めた。しかし，これらの評価の歴史の変化を導き，発展を遂げさせた原理は，測定学・心理学・教育学・教育工学など，いずれも要するに科学・技術的原理であった。ところが，第2次世界大戦の終了後の世界的な人権（人間）尊重思想の高まりの影響から，1960年代になると，これとは著しくその質を異にしたところの，いわば社会的・倫理的考え方が教育評価に導入され，一時は混乱の様相さえも呈してきた。以下，その変遷を追ってこれをながめてみよう。

1　教育測定運動

　口頭試験や面接によって，人の能力や教育の成果を判定しようとする試みは，たとえば古代ギリシャのソクラテスの産婆術や中国の隋時代（589〜618）に始められた科挙，わが国の養老律令（718年）に定められた旬試，歳試など，遠い古い時代からなされてきたし，科挙試などでは筆記試験の形式も用いられていた*。しかしその筆記試験は，いわゆる論文体による主観的試験であって信

---

*　欧米における筆記試験の歴史は比較的新しい。イギリスでは1702年にケンブリッジ大学で行ったもの，アメリカでは，1845年にボストン市教育委員会の用いたのが最初であるといわれている。わが国では，それは明治5年（1872年）の学制の制定以後のことと考えられる。

頼がおけないという批判と反省が，19世紀後半からしだいに強くなってきた。

　試験法を客観的にしようとの動きの先駆者として，イギリスのフィッシャー（Fisher, G.），アメリカのライス（Rice, J.M.）があげられる。フィッシャーは，1864年，価値の程度によった採点基準を示した尺度簿（scale book）なるものを考案して，自校生徒の答案や作品をなるべく客観的に採点して教育の改良に資した。これは，今日いうところの絶対評価（目標準拠評価）の一工夫ともいえよう。ライスはボルチモア市の教育長として，進歩する時代の要求に応ずることができるようにカリキュラムをいっそう豊かなものに改善したいと考え，そのために綴り字・計算・言語などについての客観的テストを作って実施した。なかでも，彼が1894年に作製した綴り字テスト（spelling test）はもっとも名高く，客観テストの先駆とされ，また，それゆえにライスを教育測定の創始者と呼ぶ人もある。

　しかしながら，以上はまだ教育測定の胎動期であって，教育事象の客観的測定がいよいよ活発になったのは20世紀に入ってからのことである。どうしてこのころから客観的測定熱が高まったのか。その背景には，内からと外からの2つの理由があった。まず外からは，19世紀における物理学・医学・天文学その他の自然科学が，数量的測定法を用いて急速な進歩を遂げたことの人間科学への刺激と影響である。内からは，19世紀後半におけるゴルトン（Galton, F.），キャッテル（Cattell, J.M.），ビネー（Binet, A.）らによる個人差心理学の研究や統計思想の発達の影響である。

　教育における客観的測定の最大のリーダーは，なんといってもアメリカのソーンダイク（Thorndike, E.L.）である。彼は，1904年に，『精神的社会的測定学序説』という測定学上画期的な著述を成し，またその門弟たちとともに教育成果の数量的測定にのり出した。"ものが存在するならばそれは量的に存在する""量的に存在するものはこれを測定することができる"というのが，彼の教育測定における信条であった*。これから続々と標準検査や評定尺度が作製され，のちに測定運動（measurement movement）と呼ばれる時代の端緒をな

＊　この信条は，教育測定史上最大の影響力をもったといわれる次の論文中に述べられている。
　　Thorndike, E. L., "The Nature, Purpose and General Methods of Measurement of Educational Products", N. S. S. E., 17th Yearbook, PartⅡ, 1918.

したのである。そしてソーンダイクは，測定運動の父と呼ばれた。

　ソーンダイク一派の測定運動は次々に実を結び，ストーン（Stone, C.W.）は1908年に，コーチス（Courtis, S.A.）は1909年に相次いで算数の標準検査を作製した。また1909年にはソーンダイク自身，書字スケールを公表している。これからのち，アメリカにおいては，次々に標準検査（standard test）が作られて，1928年ごろ，すなわちストーンの最初の標準検査の出現後20年にして，その数およそ1300種に及んだといわれている。

　また，標準検査の力強い援軍となったいま1つの研究は，従来の，主として論文体テストによる教師の試験と採点が，きわめて信頼のおけないものであるということが実証されたことである。こういうことから，いわゆる客観テスト（objective test）なるものが考案された。客観テストは，初め標準検査にだけ利用されたが，のちには教師自作のテストにも利用されるようになった。その端緒をつくったのは，1920年ごろのマッコール（McCall, W.A.）であるとされている。

　以上は，主として学力の測定であるが，一方，1905年には，フランスのビネーとシモン（Simon, T.）によって，初めて知能検査が考案され，のちの知能測定の礎石がすえられた。このビネー・テストは，1908年には三宅鉱一によっていちはやくわが国にも紹介された。

　わが国では，大正後期から昭和の初めにかけて，アメリカの教育測定の紹介と標準検査の作製が始まった。大正12年（1923年）岡部弥太郎の『教育的測定』，大正15年（1926年）田中寛一の『教育的測定学』などの著書によって啓蒙され，また算数・国語・図画・書き方などについての標準検査や尺度も，久保良英，本庄精次，田中寛一，丸山良二，大伴茂，その他の人々の手によって作り出されたのである。

　以上の教育測定運動を導いた考え方は，いわば心理学的・測定学的原理であって，過去の伝統的試験法が主観的で信頼性が低いので，これを客観的にしようという点にあった。客観的で信頼性のある情報に基づかない教育計画や指導ははなはだ危険であるから，この考え方はまったく正しいことであった。こういう意味で，われわれは，この教育測定運動の発生を近代教育評価の原点と考え，そこから，"教育評価は客観性・信頼性がなければならない"という教訓

をくみとらなければならない。

2　測定から評価へ

　第1次世界大戦も終わり，1930年代になると，この客観的測定運動にも1つの転機が訪れた。これを促したものは新しい心理学や教育学の理論の展開である。新しい心理学や教育学は，人間教育を単に知的方面の教育のみでなく，知的・社会的・情緒的・身体的な統一的全人格の教育と考えるようになり，測定が，ややもすれば，数量的に測定できる知的方面だけに偏することを打破しなければならないと考えてきた。ことに重大な測定運動の欠陥は，それが教育の目標や理念を明確には意識していないとの反省である。教育は価値や理念に関し，自らの明確な目標をもっているのであるから，測定にせよ，テストにせよ，この教育目標と緊密に結び，それをはっきり意識してかからなければ無意味であるとの反省である。

　こうして測定から評価へとその基本構想を変更されたのである。それはアメリカでは1930年ごろからのことであって，例の新教育運動の発生と時を同じくするといわれている。

　測定運動の新しい発展としてのこの評価運動の基礎を確実にしたものとして，アメリカの進歩教育協会の行った著名な八年研究（The Eight-Year Study）の功績は特筆されねばならない。それは1933年から1940年にわたる，教育内容と方法の一大実験であって，この研究のために，新しい概念での教育評価がタイラー（Tyler, R.W.）その他の人々の指導によって実施された。そこでは，教育目標を具体的に分析してその概念を明らかにし，それに妥当性・信頼性の高い評価用具を多数考案し，評価が教育の科学的営みと研究のための必須の手段であることを実証した。そこには，今日のいわゆる絶対評価（目標準拠評価）の考え方の萌芽さえもすでに含んでいた。

　いうなれば，1930年代における測定から評価への思想の転換を導いた考え方は，むしろ教育的考え方であって，その教育評価史上における意義は，"評価は，評価のための評価ではなく，教育目標のよりよい達成のための評価でなければならない"ということを宣明したところにあるであろう。

3 教育工学や学習心理学等の影響

ついで，1950年代になると，教育工学や学習心理学の考え方が，教育評価の理論づけに大きく貢献した。それは，すでに「Ⅰ　教育評価の意義と機能」で述べたところの教育システムにおけるフィードバックの理論と，それがもたらす確認，調整，動機づけ，強化，消去等の学習心理学的効果の考え方である。

フィードバックの考え方は，もとをただせば，1948年，ウィーナー（Wiener, N.）が唱えたサイバネティックス（人工頭脳学）の理論に基づくものであり，またそれが内包する学習心理学的効果の考え方は，スキナー（Skinner, B.F.）のプログラム学習の理論等に負うところが大きい。

このほか，1950年代以降におけるブルーム（Bloom, B.S.）その他の人々によって進められた教育目標分類学の研究も，今日の教育評価の発展に大きな影響を及ぼしている。

これらの理論や研究が，1930年代における測定から評価への転換の指導精神であったところの，"評価は教育目標をよりよく達成するための手段である"という主張に，確固とした理論的根拠を与えたことになる。

4 社会的・倫理的考え方の影響

第2次世界大戦後，世界的規模において活発に広まってきた人権（人間）尊重思想は，ついに教育評価の考え方にも甚大な影響を及ぼした。その影響というのは，教育評価に公正と平等という社会的・倫理的原理を導入し，一部の優秀児中心や序列主義の評価を排して，一人一人を伸ばし，すべての生徒の学習権を保障するような評価を求めてきたことである。すでに述べたところの，1900年前後における教育測定運動の発生を促した1つの要因であった個人差の発見は，厳然たる事実であって，これについての情報を収集することは今後も重要であるが，ただ，人の関心を生徒間の差異の測定に集中させてしまって，個々の生徒そのものを忘れさせてしまったことに対する反省と批判が生まれた。もしもわれわれが，個人と個人の間にではなく，その個人個人に着目して，それに適合するように指導を調整するならば，大部分の生徒は落ちこぼさなくてすむかもしれないのに，過去の評価は個人差を追求しすぎて，かえって教育的な関心を個別教育から遠ざけてしまった，と反省された（この反省の真義は，個

人差のための個人差の測定を否定したもので，個人の到達度の測定を第一義としたうえでの，その到達度の個人差の測定を否定したものではないことに注意しなければならない）。

この変化は，要するに近年の人間尊重の精神に立ったところの社会的・倫理的考え方の教育評価への影響といえようが，この変化の時期は，だいたいにおいて1960年以降であると考えられる*。たとえば，この時期において，次のような評価に関する新しい重要な考え方や理論が提起されたのである（括弧内はその提案の年を示す）。

① グレイサー（Glaser, R.）による今後の評価における目標準拠評価（絶対評価）の重視の必要性の指摘（1963年）
② キャロル（Carroll, J.A.）による完全習得学習とマスタリー・テストの考え方の主張（1963年）
③ クロンバック（Cronbach, L.J.）らによる適性処遇交互作用（Aptitude-Treatment Interaction；ATI）の考え方の提案（1965年）
④ スクリバン（Scriven, M.）の評価における診断的評価・形成的評価・総括的評価の区別の必要の指摘（1967年）

これらの考え方や理論は，どれも今後の教育評価の指導理論となるであろう。

5 個性を生かす評価へ

1980年代になると，人間性や個性を尊重する教育がいっそう重視され，個人差に応じた指導の必要性が説かれた。そこで，評価においても，次の傾向がみられた。

① 画一的な評価から多様な評価へ：同一問題で，同一方法で，同一基準で客観的に評価することから，多様な方法を用いる評価を重視した。
② 結果の評価から過程の評価へ：認知心理学の影響を受けて，表に現れた結果の根底にある過程，理解や解決にいたる過程も評価しようとする。
③ 間接測定から直接測定へ：客観テストは過去70年間，評価の支配的方法

---

* このことについて，アメリカにおける教育評価の最高指導者の一人であったタイラーは，アメリカの全国教育研究会（NSSE）の1969年の報告書で，「第2次世界大戦以来，中でも特に過去10年間に，教育評価には重大な変化が引き起こされた。」と述べている。

として広く利用されてきたが，テストのための学習，たとえば多肢選択形式のテストの練習に時間をかけるといった不適切なテスト利用も起こり，テストが教育の質の低下をもたらすといった批判も起こった。そこで，たとえば，文章訂正についての多肢選択テストにより文章作成能力をみる間接測定よりも，直接作文をさせてその能力をみる直接測定を重視するようになった。

④ 相対評価から絶対評価・個人内評価へ：個々の生徒の達成状況をみて指導に役立てるため，集団に準拠した相対評価よりも目標に準拠した絶対評価，さらには個人の特徴をみる個人内評価が重視されるようになった。1980年（昭和55年）の指導要録の改訂から「観点別学習状況」の評価は絶対評価で行うことになった。

6 量的評価から質的評価へ

1990年代になると，教授・学習に役立つ評価をめざして，評価は現在あるいは過去の成績を量的に，どれだけできたかを示すよりも，どこができ，どこができないかと，どんな間違いをしたかを質的にみることが重視されるようになった。すなわち量的基準だけでなく質的基準を重視する評価が強調されるようになった。

そこで，オーセンティック・アセスメント（authentic assessment；真正の評価）をめざし，想定される学力を公正・適切に評価することが強調された。それは，何を知っているかだけでなく，実際に何ができるか，すなわち現実生活で役立つ学力を評価しようとする。そこでは量的基準よりも質的基準を重視し，正確な科学としての評価を求めない。

この立場から，近年パフォーマンス・アセスメント（performance assessment）やポートフォリオ・アセスメント（portfolio assessment）の使用が勧められている。

パフォーマンス・アセスメントは，多肢選択テスト以外のアセスメントを指す場合（アメリカ）とパフォーマンス（作業あるいは動作）による課題を用いて行うアセスメントを指す場合（イギリス）とがあるが，一般には後者を指すことが多い。これは，日常教室で起こるパフォーマンスを用いて，実際の生活

で，どの程度，その知識と技能を用いることができるかを評価する。

ポートフォリオ・アセスメントは，生徒の業績（学習成果）を集めたもの（ポートフォリオ）を用いて生徒の進歩の状況を評価することであり，生徒も責任のある一員として自分の学習を証明する役割を果たす。集録には，その目的に応じて日誌，小論文，詩，絵，図表，グラフ，手紙，テスト，日常の作品など，いろいろな業績を含める。集録後，生徒に各段階の業績を検討させ，学習の始めから終わりまで（学期末あるいは学年末）の過程と成果について反省させる。この自己評価は，メタ認知的能力（自分の認知活動について理解し，制御する能力）を発展させる（第6章-Ⅶ参照）。

これらの方法は，教授・学習目的には適するが，妥当性，信頼性，客観性，公平性の面から選択目的や責任目的（教育的責任をみる）に使用するにはいっそうの工夫が必要である。

7　相対評価から絶対評価へ

個性を生かす評価の立場から，前述のように「観点別学習状況」の評価においては絶対評価が用いられるようになったが，2001年（平成13年）の指導要録では，次の理由から「評定」も絶対評価で行われることになった。

① 1998年（平成10年）の新学習指導要領が示す基礎的・基本的な内容を確実に身につけ，自ら学び自ら考えるなどの生きる力の育成という目標の実現状況を的確に把握し，学習指導の改善に生かすため。

② 各学校段階において児童生徒がその段階の目標を実現しているかどうかを評価することで，上級の学校段階の教育との円滑な接続に役立たせるため。

③ 児童生徒の学習の習熟の程度に応じた指導と個に応じた指導を行うため。

④ 学年・学級の児童生徒数が減少し，相対評価では，評価の客観性や信頼性を保つことが難しいため。

もちろん，相対評価により集団内での自分の相対的位置づけを知ることは，自分の適性を知り，将来の進路を考える際の情報として活用できるので，相対評価を必要に応じて行うことや，個性を生かし，その可能性を伸ばすという観

点から個人の特徴をみる個人内評価も認めている。

　これまで，教育評価の歴史の変遷の跡をながめてきたが，そのどれもが今後の教育評価の健全な発展のために重要な意義をもっていることを忘れてはならない。ことに，本節の冒頭にも記したように，1950年代までの評価の発展を支えたものは主として科学・技術的考え方であったのに対し，1960年代以降の発展は，それとは著しく性格を異にした社会的・倫理的考え方であったために，この間に摩擦も生じた。また，今日でも，アメリカなどにおいては，オーセンティック・アセスメントやパフォーマンス・アセスメントを主張する立場と標準検査などによる客観的評価の重要性を指摘する立場との間で摩擦がみられる。こうしたそれぞれの考え方を公平無私に評価し，その調和と統合を図るところにこそ，今後の評価の健全な発展が遂げられるであろう。

第2章　教育評価の領域と手順

I　教育評価の領域

　教育評価の対象や領域は，これまで述べた教育において評価に期待される役割や目的によっておのずと決まる。また，それぞれの評価領域は，相互に関連があるから，その評価結果の解釈や利用においても，これを相互に緊密に関連させて考えなければならない。
　以下のような領域を含んでいる。

1　学習の評価
　この領域の評価のことを，教科の評価とか，学習成果の評価とか，あるいは学力の評価などと呼ぶこともあるが，しかしほかに道徳・行動の評価とか特別活動やクラブ活動の評価などもこれに関係をもってこよう。つまり，はっきりいえば，学校教育のカリキュラム目標に関する評価領域であって，学校教育の場にあっては，なんといってもこれが最大で最重要な評価領域である。この領域の中に授業過程の評価も含まれるし，その成果である知識，理解，技能，思考，作品，表現，鑑賞，態度，習慣等の評価も含まれる。これらの評価でもって，前章で掲げたところの評価のいろいろな目的の多くの部分が果たされる。
　学習成果の評価は，これを後ろ向きにみて，これまでの指導・学習がどれだけの成果を上げたかという見地からはいわゆる出力の評価であるが，しかしこれを前向きに，これからのちの学習の前提条件とかレディネスとしての見地からみればいわゆる入力の評価となる。

2 入力的諸条件の評価

しかしながら，入力の評価としては，単に前提条件やレディネスとしての過去の学力だけではなく，生徒の知能，適性，認知型，性格，意欲，興味，習慣，経験等はもちろん，もっと広げて考えれば，その生徒の身体・健康および環境等の評価までこれに含まれることになる。

こういうわけで，以下に掲げるような領域が，評価や測定の大切な領域となるわけである。教師は，このような入力的諸条件について，なるべく信頼性・客観性の高い情報を求め，それに適合するような個々の生徒や学級の指導計画を立て，処遇をしなければならない。近年，一人一人の生徒のこれらの入力条件の相違によって，もっとも効果的な指導（処遇）の方法はそれぞれに異なるであろうとの考え方がしだいに受け入れられ，ここに個人差に応ずる指導の本拠がすえられつつある。こういう考え方が適性処遇交互作用（Aptitude-Treatment Interaction；ATI)の考え方である。

(1) 知能・適性の評価

知能検査は，いわゆる教育測定においては，学力測定とともにもっともその歴史が古く，かつ進歩した領域である。適性検査は，学業指導や進路指導などを目標にして，それにどれだけ適しているかの個人の現在の性能を測定しようとする。

(2) 性格・行動・道徳性の評価

人の情緒性，向性，適応性，態度，興味や，さらに道徳性や行動傾向等についての評価領域である。この中の特に行動・道徳性等は，今日の学校教育の計画の中にも含まれている領域であって，上記の学習成果の場合と同様，入力とみることもできれば出力とみることもできよう。

(3) 身体・健康の評価

生徒の身体的特質や体力や健康状態，および健康習慣等についての評価領域である。これもその一部は出力とみることができよう。この評価領域は，特に低学年児童や身体障害児教育の場合など，きわめて重要な評価領域となる。

(4) 家庭その他の環境の評価

生徒の学習に影響する家庭や地域の状況，交友関係等に関する評価領域である。このうち家庭環境の評価については，上述した性格や身体的特質の評価と

ともに，近年，プライバシーの侵害の問題が関係してきている。

3　教育計画・指導法の評価

教育計画（カリキュラム），指導法など学校や教師側の処遇（処置）方策のことを，ヒルズ（Hills, J.R.）は input（入力），output（出力）に対して，through-put――処置力，加工力，操作力といった意味であろう――と呼んでいるが，これも重要な評価領域である。この領域の評価は，個々の生徒に関しての評価と異なって公共的性格のものであり，また研究目的の意味が強い。わが国においていちばん弱い評価領域であって，これからもっと重視して取り上げられるべき領域である。

なお，これと関連して，学校の施設，設備，図書，教職員，学校経営等も評価の対象となることがある。いわゆる学校評価はこの種の領域である。

以上掲げた評価領域の全部ではないが，その大部分については，本書の第7章以下でもっと詳しく取り扱われる。

Ⅱ　教育評価の手順と方法

前項で掲げた評価のどの領域にせよ，その実際の評価の行い方の手順と方法には，すべてにおよそ共通する一定の順序がある。それは評価の方法原理であると考えてもよい。それは，簡単にいってしまえば，どんな評価目的で（purpose），何を（what），いかに（how）評価するかの順序であって，図2.1のように示すことができる。しかしながら，そういったからとて，評価者がどの領域でもその手順のすべてを実行しなければならないというのではない。たとえ

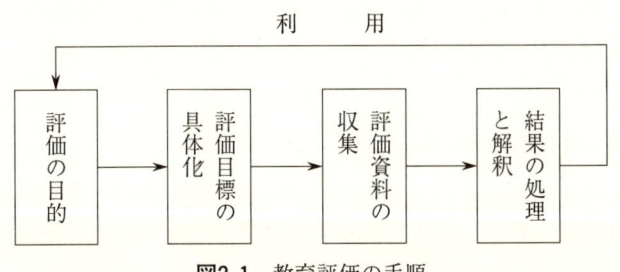

図2.1　教育評価の手順

ば，知能・学力その他の領域での標準検査を施行する場合は，そのテスト作製者がこれらの手順のある部分はすでに行ってくれているので，それを使用する者は自分でやる必要はない。しかし，全体としては，この手順は，次にあげるそのままの順序で，すべての評価領域に例外なくあてはまる。

各評価領域についての詳細は，のちにそれぞれの章で考えるとして，まず本章で一般的にその手順を理解しておくことがいろいろと便利である。

1　評価の目的の確認

評価は，すでに述べたように，教師の指導上，生徒の学習上，あるいは管理上や教育研究上の何らかの決定のための資料を求める仕事であった。この評価の目的の相違によって，その後の評価の具体的な進め方と方法が異なることになる。たとえば，その評価の目的が，ある単元の効果的な指導計画を立てることにあるか，それとも指導結果の生徒へのフィードバックと動機づけにあるのか，あるいは記録・通知のための生徒の成績決定にあるか，それとも過去1年間の指導と計画の効果の反省と改善にあるか，によって，何を評価したらよいかの評価の目標（対象）の取り上げ方，どんな方法によってテストし観察するかの評価の用具（技術）の選び方，統計や処理の仕方，結果の解釈と意味や情報の引き出し方等がおのずから異なるのである。

こういうわけで，評価やテストをこれから行おうとするにあたっては，まず，それが何のための評価であり，その結果をどのような目的に利用するのであるかをしっかりと押さえてかかる必要がある。この場合，なにも1つの評価には1つの目的とか，1テスト1目的というように考える必要は少しもなく，1つの評価やテストの結果が同時に2つ以上の目的に利用されても少しもさしつかえはない。この目的意識の欠如，あるいはあいまいなままでの評価は，単に測定のための測定，テストのためのテストに終わるおそれがあるのである。

2　評価の目標の分析と具体化

評価の目的が確定したら，いよいよ具体的な評価の仕事に着手するのであるが，その第1の仕事は，「何を（what）評価するのか」という評価・測定の目標（対象）を分析し，その概念を明らかにし，具体的なかたちでこれを設定す

るという仕事である。こうして設定された目標が評価の規準（criterion）となる。

評価の目標（対象）の中には，前節の「教育評価の領域」のところで述べたように，いろいろな領域のいろいろな目標が含まれている。これらのどの目標についても，その評価に際してはこれを分析・分類して，それを実際に観察したりテストしたりできるような具体的なかたちのものに砕かなければならない。これが評価の妥当性と信頼性を高めるための重要な1つの鍵となる。

評価目標の分析と具体化は，評価のどの領域においても等しく重要であるが，中でも特に学習（成果）の評価の領域において重要である。詳細は第7章で取り上げられるが，学習評価の場合は，まず一般的な分類の枠組みとしての教育目標の分類から，さらに具体的内容に即してその目標が具体化される。たとえば，理科なら理科の教科の中の，「種子の発芽」とか「植物の細胞」とかいうような具体的内容について，具体的にどのような知識や理解や技能や思考力が高まったかということが明らかにされなければならない。生徒が，具体的な学習内容に即して，「○○を知っている」「○○がわかっている」「○○ができる」というように，行動のかたちで示された目標のことを行動目標（behavioral objectives）と呼ぶ。これがテストにおける作問や，作品や表現などの観察評定の手がかりとなる。

このような目標の具体化が，評価の手順の第1ステップであるが，1つの教材や単元ではこうした具体的目標は相当に多数であって，その全部について評価することは困難である。そこで，初めに述べた評価の目的によって，その中の一部の目標を選定して，それをこれからの評価の具体的目標として設定する。

3　評価資料の作成・収集

評価の目標が具体的に設定されたならば，次段の仕事は，それを評価するのに必要な資料（データ）を，自然の観察場面か，あるいは時間を特定しての試験場面において，適当な評価の用具・技術を用いて作ったり，収集したりすることである。こうして，評価資料の作成・収集の仕事の中には，どんな場面や機会でその資料を探し求めるかという評価場面（または評価機会）の問題と，どんな評価用具を用いてその資料を収集・作成するかという評価用具の問題が

含まれている。

(1) 評価資料の収集場面

評価資料の収集場面には観察場面，試験場面の2つがある。

観察場面というのは，教室や運動場や家庭などで，生徒が話し合いや，学習，制作，作業，運動，あるいは校外見学をしているような場面である。そこでは生徒の側からおのずと評価資料を提供してくれているから，評価者はそれを観察記録したり，評定したり，また撮影したり，録音したりして資料を収集する。教育評価には，こういう場面からその資料を求めねばならない目標がはなはだ多い。学習における生徒の態度，興味，意欲，技能，習慣をはじめとして，行動や道徳，健康状況などの目標の評価では，ことにこの評価場面が重要である。

第2の試験場面というのは，一定の課題を与え，答案や作品などのかたちで評価の資料を求める場合である。

知能・適性・知識・理解・思考・技能などの評価目標ではいうまでもなく，性格・態度・適応性などについても，観察場面よりも，質問をするとか，テストをするとかして，いわば実験的・強要的に評価資料を求めるほうが便利なことがある。単に便利というだけでなく，①評価者が必要とするときいつでも求め得る，②すべての生徒に同一条件で一時に資料を求め得る，③評価者が評価しようと思う方面について計画的に資料を求め得る等々の長所をもっている。いわゆる試験とか検査とかテストとかいうのがこの場面のことである。前の観察場面では主として質的資料のかたちでその評価資料が確保されるのに対し，この場面では主として量的資料のかたちでその資料が求められる。

(2) 評価用具の選択，作成および適用

しかし，なんといっても，この段階の仕事でもっとも重要な仕事は，いま評価しようとする目標にもっともよく妥当し，かつなるべく信頼できる評価の用具を選択したり，あるいは自分で作成したりして，これを実施するということである。このことがその評価計画全体の成否を決するといっても過言ではない。実にこの仕事こそが，技術としての教育評価の中心課題であるといえよう。1つ1つの評価用具の特質やその作り方・用い方については，のちの第4〜6章で説明することにして，ここではその種類を列挙するにとどめておこう*。この中には，テスト法のような心理学的性格のもの，質問紙や面接のような社会

的性格のもの，また教育工学的なものなど，いろいろな性格のものが含まれている。また，この中のある用具は特に上述の試験場面での資料収集に有用で，あるものは特に観察場面に有用である。

① 論文体テスト
② 客観テスト——真偽法・選択法・組合せ法・単純再生法・完成法など
③ 問題場面テスト（解釈テストともいう）
④ 標準検査——知能，学力，適性，人格等について
⑤ 質問紙法（または自己目録法）
⑥ 口答法
⑦ ソシオメトリー，ゲス・フー・テスト
⑧ 観察・記録
⑨ 評定法——チェック・リスト，評定尺度など
⑩ 逸話記録法
⑪ 面接法
⑫ 投影法
⑬ レポート，ノート，作品の分析
⑭ 撮影・録音
⑮ アンサー・チェッカー等

　これらの評価用具のあるものは，Ａの評価目標にはうまくあてはまるが，Ｂの目標にはあてはまらないで，それには他の用具がうまくあてはまるというように，用具の評価目標に対する適合関係がさまざまである。評価法でのもっとも重要かつ困難な仕事の１つは，この多数ある用具の中から，いま評価しようとしている目標にもっともよく適合する用具を選んだり，作成したりして実施し，評価資料を収集するということである。
　一般的にいって，評価資料を正しく求めるための，用具の選択・作成上われわれが留意しなければならないもっとも重要な条件は，妥当性と信頼性と客観性である。以下にその意義を説明しておこう。

＊　ここにあげるような評価あるいは測定の用具を「評価の方法」と呼ぶことがある。しかし，正しくはそれは評価用具（evaluating instruments）であって方法ではない。評価の方法というのは，一定の目的のもとに，本章で目下述べているような一切の手順を用いることの総体を指すというように，広義に考えたほうがよいであろう。

(3) 評価用具の妥当性・信頼性・客観性

妥当性（validity）とは，特定の個人または集団について，その評価用具がまさにとらえようとする評価目標を的確にとらえ得る性質のことである。換言すれば，評価した結果と，初め評価しようと志した目標との関連性が高いかどうかということである。手近な例をとれば，時計という用具は，「時間」というものをとらえ得るから，時計は時間に対して妥当性をもっている。しかしそれは長さや重さや温度はとらえ得ないからそれらの目標には妥当性がない。

信頼性（reliability）とは，その評価用具が何を測定しようとしているかは別問題として，ともかく何らかの目標を恒常的に一貫して測り得る性質のことをいう。測定の安定性とか確定性とかの意味である。もっとわかりやすくいえば，何回測っても，また，だれが測っても一貫して同じ結果を求め得るという性質である。したがって，極端な場合では，妥当性が低かったりなかったりしても，信頼性はある用具があり得る。しかし，その逆，すなわち信頼性がなくて妥当性が高いということはあり得ない。信頼性は妥当性の一部であると考えてもよい。たとえば，時計は時間に対して妥当性があるといったが，もしその時計がしょっちゅう狂って恒常的に時間を計らないならば，それは単に信頼性がないだけではなく，ひいては妥当性もないといわなければならない。

客観性（objectivity）というのは，測定・採点において，採点者の好みや偏見などの個人的判断が影響しない性質のことであって，テストの信頼性を左右する諸条件中のもっとも重要なものである。いわゆる客観テストは，この性能においてもっとも優れた用具である。

妥当性や信頼性の検証は，伝統的集団準拠テストでは主として統計法の1つの技術である相関係数によってなされるが，それは付章「教育統計」の部で述べよう。

4　求めた資料の処理・解釈・利用

(1) 資料の採点・整理

評価の目標が分析され，その意味内容が把握され，次にそれについての評価資料が求められたならば，次段の仕事は，その求められた資料を解釈するのに都合のよいように，採点し，統計して，それを解釈し，利用するということで

ある。ある意味ではこの段階の仕事こそが評価ということのもっとも本質的な仕事だともいえる。なぜなら，評価の意義は，何らかの価値規準に照らしてある事象を判断し解釈することであるからである。

採点は，ふつう，正答の数を数えて総点を出したり，また分析目標ごとの正答数を出して相互に比較できるようにするが，ときには逆に誤答に注目してその類型・頻度を点数化するほうがかえって指導上有意義なことがある。こういう方法を誤答分析（error-analysis）という。さらにまた，態度・興味・鑑賞のような目標になると，正・誤の概念では採点ができなくて，たとえば態度が保守的とか自由主義的とかいうように，方向性や一貫性のようなまったく別種の基準で採点しなければならないものもあるのである。

また，1955年，リンドキスト（Lindquist, E.F.）によって機械採点法が開発されてから，大量答案の採点には機械が用いられるようになってきた。

採点されて資料が量化された場合，それをいかに統計し，表示し，図示するかもまた重要な問題である。この意味で教育評価にはある程度の統計法の知識を必要としている。たとえば，分布表や分布曲線の作り方，代表値や散布度や相関係数の算出法，正規分布曲線の性質，差その他の測定値の信頼度の検証法，サンプリングの理論など，記述統計や推測統計の初歩的な方法については知っておいたほうが便利である。

(2) 解釈（評価）の方法

求めた資料を解釈して意味を引き出すためには，その資料を照合するためのわく（frame of reference）が必要である＊。この照合のわくのことを評価基準という。解釈は，この「照合のわく」すなわち評価基準の相違によって，絶対的解釈，相対的解釈，個人内解釈の3つに区別されるが，わが国では従来これを絶対（的）評価，相対（的）評価，個人内評価というように呼び習わしてきている。この場合の評価は，たとえば教育評価という場合の評価とは異なって狭義の評価であり，正しくは結果の解釈の意味である。

しかしながら，この3つの解釈法のうち基本的なものは，絶対評価と相対評

＊ ガードナー（Gardner, E.F.）という学者は，この照合のわくを，①絶対的わく（absolute frame of reference），あるいは内容的わく（content frame of reference）と，②相対的わく（relative frame of reference）とに区別している。

価の2つであって，個人内評価は，この2つのうちのどれかを——ふつうは相対評価を——媒介にしなければ成り立たない解釈法である。

　絶対評価というのは，教育目標の到達の有無や程度を評価の基準として解釈する方法であって，英語では，ふつう，目標基準準拠解釈（criterion-referenced interpretation）といい，まれには絶対的解釈（absolute interpretation）とも呼んでいる。また，わが国では，ときに到達（達成）度評価と呼ぶこともある＊。たとえば，漢字が書けるか書けないか，計算ができるかできないか，というように合・否（pass-fail）で評価するのはこれである。絶対評価は，1960年以後，人間尊重や個別指導の思想の高まりによって著しく脚光を浴びている解釈法であり，また，これを正しく行うことができるならば，生徒の学習の成功・失敗や，その実際の到達度を知って，今後の指導の調整に大いに役立つ。ただ，困ったことは，その目標到達度の評価基準を客観的かつ信頼的に定める方法が一般に難しいために，教師の主観に左右され，独善に陥りやすい欠点を有しているということである。それも，基礎的知識，技能についての絶対評価ならばまだよいのであるが，高次の発展的目標や情意的目標について客観的評価基準を立てることが困難なのである。

　相対評価の方法は，学級・学年あるいは全国など，その生徒が所属している集団の成績水準——その代表は平均点——を評価基準として，その中でどの辺の位置を占めているかということで解釈する方法であって，英語ではこれを集団基準準拠解釈（norm-referenced interpretation）とか，比較的解釈（comparative interpretation）と呼んでいる。たとえば知能や学力や性格に関する標準検査の結果を，そのテストの備えた集団基準（norm）に照らして解釈するなどがその例である。この解釈法は，一人一人の生徒の目標の達成度や，学習の具体的な成功・失敗を示さないので，具体的な指導方策を立てるのに役立たないとか，序列主義の評価に陥りやすいとかの弱点を有してはいるが，他面，集団の成績分布から客観的な評価基準が立てやすく，評価や解釈の客観性や信頼性を確保しやすいという長所を有している。

＊　絶対評価と到達度評価はほとんど同義語と考えてよいが，強いて違いをいえば，絶対評価が教育目標に準拠した評価一般を指すのに対し，到達度評価はその中でも幾段かの具体的な評価のスタンダード（基準）を用いた絶対評価のことであると思ってよいであろう。

個人内評価は、以上の２つの解釈法とは著しく異なって、一人一人の生徒に即して、①その過去の成績水準や、②他の種類の目標の発達水準を評価基準として、①時間の経過における進歩の状況や、②異なる目標（能力）間の長短や優劣を明らかにするような解釈の方法である。前者を縦断的個人内評価、後者を横断的個人内評価と呼ぶこともある。知能を基準に、これと学力を比較して解釈する成就値や成就指数の考え方はこの後者の解釈法である。

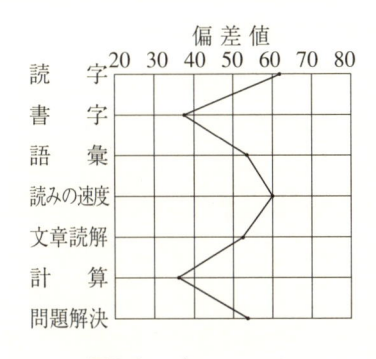

```
           偏差値
       20 30 40 50 60 70 80
読 字
書 字
語 彙
読みの速度
文章読解
計 算
問題解決
```

図2.2 プロフィール

　この方法は、ただこれだけでは独善的評価に陥る危険があるということ、ならびに方法論的に独立できないで、結局、相対評価法などを媒介とするほかはないというような不備を有しているが、一面、他の方法のもたない長所をもっている。その最大の長所は、たとえば図2.2に示すようにプロフィールその他のかたちで、生徒の横断面的な長所・短所や、縦断面的な進歩状況を示すことができて、指導に有力な資料を提供することができる点にある。また、個性教育の精神に合致していることもこの方法の美点であろう。

　このように、求めた資料の解釈（または評価）の３つの方法は、それぞれ長所と短所があって、一概にその優劣を決めることはできない。要は、たとえば授業中の具体的な指導の内容・目標を生徒がマスターしているかどうかの評価（形成的評価）などの目的ならば絶対評価法で解釈すればよいし、成績評定その他の信頼性・客観性が重視される評価目的ならば相対評価法で解釈すればよいし、また、個人の能力の分析目標相互間のプロフィール診断をしたいと考えるならば、個人内評価法を用いて解釈すればよい、というように、評価の目的によって適宜使い分けることである。

　結果の解釈法の中でも、特に絶対評価・相対評価の問題は、今日わが国の教育評価においてはきわめて重要なテーマとされているので、あらためて次章で詳しく論ずることにする。

　最後に、このようにして解釈され、そこから引き出された意味・情報は、指導目的、学習目的、管理目的および研究目的のいずれか１つあるいは２つ以上

第1部　教育評価の意義と考え方

の，評価計画の初めにおいて立てられた目的のために利用される。

Ⅲ　教育評価の研究テーマ

　これまで述べた評価の手順と行い方から，今後，教育評価においてどんな問題が研究の重要テーマとなるかが示唆されている。これらの研究テーマは，けっして偶然的なものではなく，第1章で述べたこれまでの評価の歴史の展開の中に根ざしたものであり，さらに，その研究開発は今後の教育評価の思想と技術の発展を約束するものである。それは以下のようなテーマである。

1　基本的，一般的な研究テーマ
① 教育目標の分類と具体化の研究
② 評価のフィードバック機能の分析
③ 絶対評価法（到達度評価法），特にその評価規準，判定基準（カッティング・ポイント）の開発およびその利用法の研究
④ オーセンティック・アセスメント，パフォーマンス・アセスメントおよびポートフォリオ・アセスメントの開発と妥当性，信頼性，客観性の向上とその用い方の研究
⑤ 相対評価法および標準学力検査の利用の研究
⑥ 知能・適性・性格等，入力に関する精度の高い測定用具の開発と利用の研究
⑦ 教師自作テストの作り方特に観点別の作問のあり方，および評価用具としての教育機器の利用の研究
⑧ 生徒の自己評価，相互評価の行わせ方の研究等

2　授業に関する評価の研究テーマ
① 単元指導の事前における診断的評価の研究
② 授業の中におけるきめの細かい形成的評価の研究
③ 単元指導の終末における総括的評価の研究
④ 授業過程における生徒の自己評価の行わせ方の研究

3 長期的総括評価や教育計画(カリキュラム)の評価の研究テーマ
① 教育計画や指導法の評価・改善の研究
② 通信簿,指導要録の研究
③ 学級編成,入学試験等の配置目的(管理的目的)のための評価の研究等

◆「基準」と「規準」について◆

　評価の照合のわくには,「何を評価するのか」という質的な判断の根拠と,「どの程度であるか」という量的な判断の根拠との2つが必要である。前者の質的な照合のわくとしては,教育目標を評価目的によりその文脈に従って具体化した目標や行動を用いるが,これを「規準」(criterion)という。
　目標準拠評価(絶対評価)であれ,集団準拠評価(相対評価)であれ,まずは「規準」がなければならないが,両者は「基準」のあり方が異なる。
　目標準拠評価における基準(目標基準)は,「目標をどの程度実現しているか(目標に対してどの程度まで学習が達しているか)」というレベルを,集団の成績水準とは関係なく目標そのものから判定解釈するために事前に設定される。これに対して,相対評価における基準は,集団の代表値とそこからの距離である。この集団基準を手がかりに集団における位置を見ることになる。また,これらの基準の考えを援用することにより,「個人基準」に基づく個人内評価というものを考えることができる。それらの関係は図のようになる。

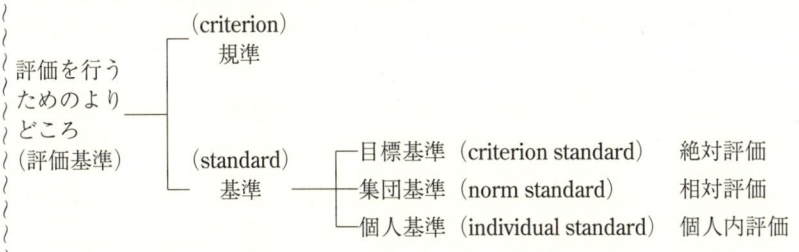

```
評価を行う       ┌ (criterion)
ためのより       │   規準
どころ      ────┤
(評価基準)      │                    ┌ 目標基準 (criterion standard)   絶対評価
                 └ (standard)  ────┤ 集団基準 (norm standard)         相対評価
                    基準             └ 個人基準 (individual standard)   個人内評価
```

　このように,評価の照合のわくとして,質的な「規準」と量的な「基準」の2つが必要であるが,実際の評価は両者が一体的になされるので,これらを含めて表現する際にはどちらを用いるかという問題がある。本書では,教育評価の本質的なアプローチとしては価値判定解釈のほうが優先するという考えから,「評価基準」を用いている。

第1部 教育評価の意義と考え方

第3章 絶対評価と相対評価

I 絶対評価・相対評価の問題の歴史と背景

　この問題は，本来，収集した評価資料，たとえば，生徒のテストの得点などを，どんな評価基準に照らして解釈するかという解釈法の問題であり，古い歴史をもった問題であるが，近年かつてなかったほどの重要性をもってきた。特に，わが国における評価は，絶対評価を重視する方向へ動いてきた。この問題は，単に学習評価の領域のみではなく，入試における評定の扱いなど，他の領域にもかかわりがあるので，評価の共通問題として，ここで取り上げることにする。

1 問題の歴史
　評価に関する教育雑誌の論文などで，わが国の過去の評価は，すべて相対評価によっていたかのような言い方をする人があるが，これは間違いである。昔の教師も，普段の授業で，自分が予定していた目標に生徒たちが達したかどうかを評価していたのであった。それが主観的であったにせよ，絶対評価であったことには変わりはない。もし生徒の学力や能力が，たとえばメートル尺やキロ秤を用いて物理的測定をするように，評価基準（尺度）を設定して客観的に絶対評価ができるならば，他人と比べる相対評価よりも，絶対評価が優れていることは論をまたない。物理的測定は，絶対的尺度にみる絶対評価の典型である。だから，教育評価の世界では，絶対的尺度すなわち絶対的評価基準を作って絶対評価をしたいということが，長い間の夢であったのである。その夢の実現のための努力が続いている。

第3章 絶対評価と相対評価

　測定運動の父と呼ばれたソーンダイク（Thorndike, E.L.）は，彼の有名な1918年の論文（本書19ページの脚注参照）の中で以下のように述べている。この引用文中の「集団準拠測定」と「目標準拠測定」の語は，のちにエアラシアン（Airasian, P.W.）が自著にこれを引用，注釈したものである。

　　教育測定には2つの異なったグループがある。その1つは，……主として生徒が何かの均質の課題をどれだけよく成し遂げるかを問うものであり，他は，……主として生徒がどのくらい困難な課題を完全に，あるいはどの程度の成功度で成し遂げ得るかを問うものである。前者は心理学のいわゆる平均誤差法（methods of average error）の種類であり，「集団準拠測定」，後者は正誤のケース（right and wrong cases）と呼ばれているものに類する「目標準拠測定」。このどちらもその利点を有し，測定の発達と精密化に役立つが，しかし，もし教育が物理科学の発達の道筋を追うならば，後者が支配的になるタイプであると考えられる。

　これでみると，すでに1918年には，この2つの評価・測定の方法の存在が認められていたことがわかる。そして，注意すべきことは，「もし教育が物理科学の発達の道筋を追うならば」の仮定のうえであるが，ソーンダイクも目標準拠測定すなわち絶対評価が支配的となることを期待していたということである。

　しかし，その後の教育測定・評価の発達の歴史において，絶対的測定という物理的測定の方法を自分のものとすることができなかった。なぜかといえば，精密な絶対的測定であるためには，たとえば，長さの測定におけるメートル尺，重さの測定のためのグラムのような客観的な測定の尺度を作り，これを評価の尺度としなければならないが，それを作るのは，人間の精神的所産については不可能だったのである。そこで，教育測定では，代わりに，個人差の概念に立ち，統計理論を用いて，集団基準（norm）に準拠した測定法を発展させてきたのである。すでに，第1章-Ⅳ「教育評価の歴史」で述べたが，これまでの学力，知能等の測定学の発達がこれであった。物理的測定法と同様，絶対評価が優れていることは古くからわかっていたことであるが，正確にはできなかったのである。正確にできるよう努力したいものである。

　集団基準による相対評価といっても，厳密に行われているのは標準検査など

においてであって，教室での相対評価は，他の生徒と比べておよその相対評価を行うというだけで，それほど厳密なものではなかった。また，絶対評価はできなかったと述べたが，それは高い妥当性，信頼性，客観性を備えた厳密な意味での絶対評価のことであって，実際には，教師が設定した指導目標を規準にした任意的な絶対評価はどこでも行われてきた。特に，高校がそうである。

このように，厳密な絶対評価・相対評価はともかくとして，実際には，双方の解釈法とも広く行われてきたし，また，相対評価を加味した絶対評価や，逆に絶対評価を加味した相対評価など，両者はかなり混合して行われてきたことも事実である。

アメリカにおいてであるが，過去に絶対評価的な試みもいくつかある。たとえば，ボストンの公立学校では，1916年ごろ，8年生までに全部の児童生徒が正しくスペリングすべき単語表を作り，これでの目標到達度をテストした。初めは一人一人の到達度評価であったが，のちにはクラスの業績評価のための全市的基準に転化して，重点が個々の絶対評価から学級間や学校間の相対評価に移行し，やがて中止された。また，シカゴ大学教授のモリソン（Morrison, H. C.）は，教授―テスト―再教授―再テストの順序によるのちの完全習得テスト（マスタリー・テスト）と完全習得学習（マスタリー・ラーニング）に似た方法を提唱して有名になったが，長続きしなかった。

2　近年の絶対評価重視の背景

これは，第1章の「教育評価の歴史」の節で述べた1960年以降の評価思想の変化の背景と同じである。基本的な背景は，第2次世界大戦後の人権運動や市民運動の台頭から，教育権や学習権の思想が高まり，一人一人の生徒を落ちこぼさないで，その学習の成功を保障せよとの要求が一般化したことである。そのためには，一人一人の生徒が目標を達成しているかどうか，どこまで到達しているかを評価して，目標を達成させる対応を可能にする絶対評価こそが有効であると考えられたのである。

また，先進諸国においては，産業や社会生活が高度化し，国民全体にかなり高度な知識や技能が必要となり，少数のエリートだけでなく，全部の青少年の学力をレベル・アップする必要が生じ，高等教育の普及や生涯教育が唱えられ

た。評価に対しても，すべての生徒が基礎的・基本的事項をマスターしているがどうかを絶対評価することが要請された。

さらに，教育工学が発達して，CAI（Computer-Assisted Instruction）やCMI（Computer-Managed Instruction）などコンピュータを利用した教授法が開発されたが，そこでは教育目標を具体的な行動的目標のかたちに分析し，それをマスターするまでの過程を制御して進めるので，目標準拠による絶対評価が必要となった。また，社会の変革期にあたり，将来を教育に期待する立場から，カリキュラム改善とその評価の要求が世界的に強い。この場合，学校，市，県までのカリキュラム評価なら標準学力検査の利用でできるが，国全体のカリキュラムの評価は，全国学力調査などによって目標の実現状況をみる絶対評価が必要である。

以上のような背景から，絶対評価が著しくその重要性を増してきて，指導要録では，「各教科の学習の記録」で，絶対評価の「観点別学習状況」が中心となっただけでなく，絶対評価を加味した相対評価であった「評定」までも絶対評価で行うことになった。なお，絶対評価すなわち目標準拠評価や，そのための目標準拠テストの重要性を最初に強調したのは，1963年，グレイサー（Glaser, R.）であるといわれている。

II 絶対評価・相対評価の意義と特質

1 意義・性質

近年絶対評価の重要性が高まったことは事実であるが，誤解してならないのは，他の解釈法が不用になったとか，意味がなくなったということではないということである。前章で述べた3つの解釈法（評価法）は，依然としていずれも有効な解釈法である。絶対評価，相対評価，個人内評価の解釈法の意義については，前章で取り扱ってあるので，ここでは絶対評価と相対評価についてのみ補足しておくことにする。

この2つの解釈法は，解釈の基準の相違によるものであって，絶対評価はその基準を教育目標の到達の有無や程度におき，アメリカでは目標基準準拠解釈と称し，相対評価はその基準を集団の成績の分布におき，アメリカでは集団基

準拠解釈と呼ぶことはすでに述べた。そして，目標基準準拠解釈（絶対評価）をする目的で行われる測定やテストを目標基準準拠測定（criterion-referenced measurement）とか，目標基準準拠テスト（criterion-referenced test）と呼び，集団基準準拠解釈（相対評価）をする目的で行われる測定やテストを，それぞれ集団基準準拠測定（norm-referenced measurement），集団基準準拠テスト（norm-referenced test）と呼んでいる（正しくは「目標基準準拠」「集団基準準拠」というべきであるが，一般に「目標準拠」「集団準拠」と略して呼ばれることが多い）。目標準拠テストすなわち絶対評価的テストと，集団準拠テストすなわち相対評価的テストとは，その作り方や基準設定の方法，妥当性，信頼性の検証の仕方に違いがある。

(1) 絶対評価

　絶対評価は，わが国ではときに到達度評価ともいうことは，すでに述べた。厳密にいえば，絶対評価（到達度評価）は一定の教育目標や内容がどの程度達成されたかを示す尺度上に，一人一人の生徒を位置させて解釈し，目標を実現しているかどうか，その目標の到達度はどの程度であるかを明らかにする方法である。他の生徒との比較ではなく，教育目標に対する到達の絶対的位置を知ろうとするのである。したがって，厳密な絶対評価的測定では，理論上，生徒たちの知識，理解や技能の達成が，0パーセントから100パーセント達成まで連続体をなしていると仮定して，その5パーセント，10パーセント，20パーセント……など1つ1つの達成度を，具体的な行動で定義された到達基準（standard）に照らして判断することになる。現実問題としては，そんなスタンダードの設定は困難であるが，少なくとも合格（pass）しているかいないかを判定したり，あるいは3ないし5段階程度の到達度判定のための具体的なスタンダードの設定は必要である。この到達基準を合否の2段階にするか3～5段階にするかは，形成的評価と総括的評価の違いなどによって異なるであろう。

　学校において，教師が絶対評価を行う場合の手順は，次のように示すことができる。

　① 指導が終わった時点で生徒に何ができるようになってほしいか（指導目標）を具体的な行動のかたちで具体化し，リスト・アップする。これが評価の規準（criterion）となる。

② その目標に生徒がどの程度到達したかを判断するためのスタンダード（到達基準）を決める。正答率何パーセント以上をもって目標に到達したとするかなど，具体的に決める。

③ ①でリスト・アップした目標の1つ1つについて，妥当なテスト問題や観察のためのチェックリストなどを用意する。それを実施した結果を，②で決めた到達基準に照らして解釈する。

このように，絶対評価においては，目標の具体化と到達基準の設定の2つの作業が重要かつ困難な作業となる。目標の分析や具体化は，相対評価の場合でも大切な前提であるが，その必要度が違う。相対評価では，ある程度の分析と具体化でもよいが，絶対評価では完全無欠な分析と具体化が求められる。こうして行った絶対評価は，合否・正答率，3～5段階による評定などで示される。

(2) 相 対 評 価

相対評価は，標準検査のように，集団にそのテストを実施した結果に基づいてあらかじめ統計的に設定された集団基準（norm）に照らして解釈するものであるが，学級・学年における平常の教師の相対評価では，その学級・学年の生徒の得点の分布状況を参考に，普通（平均なみ）であるか，それより上かあるいは下かの位置によって3～5段階等でおおまかに解釈される。そして，相対評価による段階評定の場合は，ふつう，その各段階に評定する生徒のおよその人数をあらかじめ決めてある。その比率の決め方は，他に勝る方法がないので，正規分布曲線の分布の比率に準拠されている。このことについては，本書付章の「教育統計」を参照されたい。

これまで，絶対・相対評価の基準（尺度）の性格を説明したので，ここで，その両者の相違を比較してみよう。

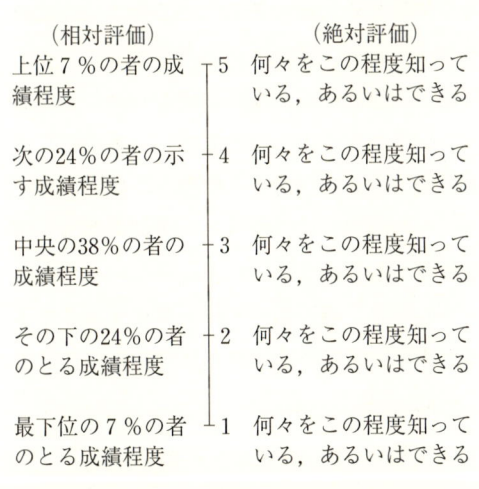

（相対評価）		（絶対評価）
上位7%の者の成績程度	5	何々をこの程度知っている，あるいはできる
次の24%の者の示す成績程度	4	何々をこの程度知っている，あるいはできる
中央の38%の者の成績程度	3	何々をこの程度知っている，あるいはできる
その下の24%の者のとる成績程度	2	何々をこの程度知っている，あるいはできる
最下位の7%の者のとる成績程度	1	何々をこの程度知っている，あるいはできる

図3.1 絶対・相対両評価の基準の比較

図3.1に示したのは，両方とも5段階で具体的なスタンダードを作るとした場合の，基準の立て方の相違を示したものである。相対評価の基準を立てることは比較的容易であるが，絶対評価は容易でないことがわかる。

絶対評価は教育目標に準拠した解釈法であるのに対し，相対評価は平均点を中心とした集団基準に準拠した解釈法であるというと，相対評価は教育目標を考えない，あるいは教育目標を無視した解釈法であると受け取る人があるかもわからないが，それは誤解である。すでに述べたように，その具体化の必要な度合いには違いがあるとしても，教育目標や内容をよりどころにして，それについての問題などを作り，テストなどを行うところまではまったく同じである。ヒロニマス（Hieronymus, A.N.）がいみじくもいっているように，この限りにおいては，どちらも目標準拠テストである。ただ，その後の解釈法が違っているだけである。

絶対評価は，生徒の得点を直接にそのテスト目標や内容がどの程度できたかに関連づけて解釈するのに対して，相対評価は，その目標や内容についてクラスがどのように解答しているか，その集団のでき具合をみ，それに拠って一人一人の生徒の成績を集団の中での位置で解釈するのである。相対評価のほうが，解釈において教師の主観や独善を排して，客観的であるといえよう。

また，絶対評価と相対評価の相違を解釈するには，そのためのテスト問題の作り方の相違に着目するのも1つの方法である。問題作成の基準として，①その問題の内容的妥当性と，②その問題の困難度や個人差の弁別力の2つをとるとすれば，絶対評価のための問題は，何よりもその内容的妥当性を重視し，その基準が満たされたうえで可能な②の個人差を弁別できる問題をよいとするのである。これに対して，相対評価のための問題では，もちろん①の基準は大切であるが，②の基準がもっと重視されることになる。

相対評価の結果は，順位，3～5等の段階，偏差値，パーセンタイル等で示される。偏差値，パーセンタイルは，標準検査でよく用いられている。これまで述べた両者の相違をまとめると，表3.1のようになる。

2 長所と困難点

絶対評価と相対評価の2つの解釈法には，それぞれに長所や効用と，欠点や

表3.1 絶対評価・相対評価の比較

	評価の基準	その基準の性格	結果の表し方
絶対評価法	教育目標の実現状況	・教育目標自体 ・生徒に外在的	1．粗点（正答率） 2．合否（○×） 3．到達段階 　（％は考えない）
相対評価法	集団の生徒の成績分布	・教育目標に対して間接的 ・生徒に外在的	1．順位 2．段階評定（各段の％を考える） 3．パーセンタイル 4．偏差値

因難点がある。それを明確にすることが，利用する場合には大切である。

(1) 絶対評価の長所と難点

〔長所〕

① 絶対評価が正確に実施されれば，個人や集団の学習についての真の成功，失敗や到達度を判断できたり，真の進歩，発達をみることができて，今後の的確な指導計画を立てることができる。

② 正確に行えれば，生徒にも到達度の真相を知らせ，自分で自分の学習を的確に調整させることに役立つ。また，級友との無用な競争をなくすこともできる。

③ 学級や学校の教育計画や，国の教育課程の成果を，教育目標のスタンダード（到達基準）に照らして評価することができ，その改善のための情報が得られる。

〔難点〕

難点は，測定学上と教育学上の両面にわたって存在する。以下の①，②は測定学上の，また，③，④，⑤，⑥は教育学上の難点である。

① 絶対評価を行うには，前提として教育目標を具体的な行動のかたちで分析しなければならないが，知識，技能はともかく，思考・判断，関心・意欲・態度などは容易ではない。アイズナー（Eisner, E.W.）は，それはできないといっているほどである。

② 教育目標について評価基準を設定しなければならないが，基礎的目標に

ついては可能であるが、複雑高度な発展的目標となるときわめて困難であって、その設定の方法はまだ十分研究され、確立されていない。しかし、絶対評価を行うためには必要不可欠であるから、任意に設定されているのが実情である。
③ 目標の具体化や具体的な評価基準の設定を教師個人で行うのは困難であるから、共同作業で行う必要があるが、地域や学校で広く行うのはたいへんである。
④ 正確に行えたとしても、能力、適性、興味を異にするすべての生徒に共通に適用するので、個性を評価しにくいという点では、相対評価と同じである。しかし、個人別に絶対評価の到達基準を設定するのは、教師の能力や負担がたいへんである。
⑤ 絶対評価でも、目標の到達程度によって段階的に評価すると、優れた者は5とか4であるのに、劣る者は2とか1とか評価されて、劣等感や不安感を抱くことは、相対評価と同じである。
⑥ これは、ソーンダイク（Thorndike, E.L.）の批判であるが、特に思考、創造、表現の能力等について教育は開かれていて、伸びる生徒はどんどん伸ばすべきであるのに、到達度を設定すると自由な伸長を妨げることになる。

(2) 相対評価の長所と難点

〔長所〕
① 他の学級や学校の生徒との比較はできないが、その学級、学校内に限り、各評定段階の比率をおよそ決めて行うから、教師の主観が入る余地がなく、客観的に評価することができる。したがって、だれにでも容易に行え、具体化が困難な高次の目標についても行いやすい。
② 相対評価では、たとえば5段階評定で5の生徒は、学級や学年の上位7パーセント（40人クラスなら上位3人くらい）の中に入っていることを意味していて、見る人にとって評点の示す意味が明確である。
③ 評価や解釈では、目標に準拠した評価よりも、他人と比べてはじめて意味がはっきりするし、父母も生徒も納得するという面がある。相対評価こそ社会の実情に適応した評価であるとの見方がある。社会的有用性である。

④　知能と学力，国語と数学と音楽というように，異質の目標間の比較診断をする必要があるが，このような場合は，相対評価が便利である。ふつう，個人内評価はこの考え方で行われている。

〔難点〕

相対評価には，信頼性，客観性など測定学上の難点は少ないので，以下にあげるのはほとんど教育学上の難点である。

① 個人が属する集団の他の者の成績状況で各個人の成績の位置が左右されるので，個人の真の能力，成績を示さない。したがって，教育目標の達成度の評価ができなくて，その生徒の具体的な指導計画の資料とならない。

② 絶対評価と同様に，評価基準は生徒に共通で外にあるから，各生徒の個性を評価しにくい。

③ 努力し，進歩しても，その状態を示しにくいだけでなく，特に劣っている生徒は進歩を評点に表しにくいから，激励できず，落胆させるおそれがある。さらに，競争を引き起こす。

④ 成果を上げている学校や学級でも，1や2を一定数付けなければならないのは不合理である。逆に，振るわない学級でも，5や4を一定数与えるから，自分の学力の実情の認識を誤らせ，生徒を甘やかすことになる。

⑤ 標準検査は別であるが，教師自作テスト等による場合は，学級差や学校差は示せない。

Ⅲ　絶対評価・相対評価の利用法

このようにみてくると，2つの解釈法には一長一短があり，どちらがよいとか悪いとかはいえない。解釈法は，一人一人の生徒の学習を助け，教育目標を達成させることができるという教育学的要請と，主観を排して妥当性・信頼性・客観性が高いという測定学的要請の，2つを充足することが望ましいのであるが，この点からみて，絶対評価と相対評価は長短相半ばしている。結論としては，この2つの解釈法を適材適所に使い分けるというほかにない。評価目標の違いによって使い分けたり，評価の実施時期と目的によって使い分けたり，授業の形態や学年や学校の程度によって使い分けたりするのである。以下に，そ

の主要な利用法について述べてみよう。

1 評価目標の相違から

　知能，適性，性格等入力の評価においては，到達目標を予定することはできないから，他人との比較によってその程度を判断するよりほかはない。したがって，これらは相対評価が適していることになり，現に，これらについての標準検査は相対評価を採用している。では，教科教育の目標は，すべて絶対評価によってできるかというと，なかなかそうはいかない。

　学習指導と評価の今日の課題解決のための理論的根拠として，教育目標あるいは学力を，①ミニマムエッセンシャルの基礎的な目標・内容と，②高次の発展的な目標・内容の2層に分ける考え方がある。アイズナー（Eisner, E.W.），グロンランド（Gronlund, N.E.）などがそれであって，下に示す表は，グロンランドの著書から引用したものである。最小必要的学力（基礎学力）は，たとえば基礎的知識・技能・理解など全生徒に習得させるべき学力であって，比較的低次元の学力である。それは，生徒がマスターしやすく，その領域での今後の発展的学習の前提条件となるものである。発展的学力層（developmental level）は，生徒の能力によってその到達度を異にすると同時に，十分に達成されない

表3.2　教育目標（学力）の2層の比較（Gronlund, N.E.）

	その性格	教授との関係	テスト法との関係	到達度評価の基準の設定の可能性
最小必要的学力（基礎学力）	はっきり限定され，定義され，具体化され得る行動内容	その具体的な学力内容が1つ1つ，1対1の関係で教えられる。	個々の具体的学力が1つ1つ，1対1の関係でテストされる。記憶で答えられる。	任意的ではあるが，到達度評価の基準が設定できる。
発展的学力	一般的な方向目標であって，その具体的なサンプルを示し得るだけである。	その1つ1つの学力そのものを教えるのではなく，サンプルの指導を通して一般化を志す。	学習したときと異なった新しい場面で，前の学習で学んだことが要求される。	到達基準の設定は困難で，ふつう，その成績は集団内の相対的位置で示される。

こともあり得る性格の学力であり，目標である。たとえば，高度の理解，応用，思考，創造，表現のような目標は，長い時間をかけて発展するものであって，1つの単元指導でその達成を期待しにくい学力である。

学力の二層構造論ともいえる以上の考え方は，われわれも十分納得できる考え方である。

表3.2の最右欄に示してあるように，基礎学力については到達基準が設定できるから，絶対評価が可能であるが，高次の発展的学力については，それが困難である。なぜなら，表3.2の，性格や教授やテスト法との関係の欄に示してあるように，発展的学力は一般的な方向目標であって，基礎的知識や技能のように1つ1つを教え込んだり，ドリルしたりするものではない。したがって，教えたことをそのままテストするわけにはいかず，学習したときと異なった問題場面で答えさせてみることになる。したがって，ここまでできれば合格というような基準を設定することが難しいから，絶対評価は難しいことになる。そこで，発展的学力では，生徒の成果を他の生徒たちの成果と比べ，相対評価することになる。そうでないと評価の測定学的要請である妥当性，信頼性，客観性が確保できなくなり，教育学的にも誤った解釈を許し，正しくフィードバックを果たすこともできなくなる。

こうして，教育目標，学力の違いによって，基礎的目標，学力の評価には絶対評価で到達度を明らかにし，高次の発展的目標，学力の評価には相対評価で相対的発達状況を明らかにし，その自由な発展を刺激するのがよい。高次な発展的目標，学力に到達度を設定するのはたいへん困難であるが，仮に設定できたとしても，優秀児にはかえって自由な発展を束縛しないかとの批判がある。

2　実施の時期と目的の区別から

詳しくは第7章「学習評価の手順」で取り上げるが，教育評価は，今日の考え方として，その実施の時期と目的の違いによって，①事前の評価（たとえば診断的評価），②途中の評価（たとえば形成的評価），③終わりの評価（たとえば総括的評価）の3つに区分されている。この区別によって，絶対評価と相対評価を適切に使い分けるというのが，1つの考え方である。

どのように使い分けるかであるが，途中・過程における評価では絶対評価を

用い，終わりの評価では相対評価を主体とし，必要に応じて絶対評価を用いる。事前の評価では，この双方を用いたい。

具体的には，まず，途中・過程における評価であるが，授業の進行中に生徒が学習内容をマスターしたかどうかを，問答や挙手や小テストなどでチェックするようなきめ細かい評価である。ここで評価される目標は，応用，思考，創造といった高次で発展的なものではなく，基本的な概念，知識，技能といった基礎的・基本的なものが多い。したがって，ここでは目標に到達したかどうかの絶対評価が効果的である。

次に，終わりの評価であるが，単元末のように比較的短期のものと，学期末や学年末のように長期のものとがある。この場合には，基礎的学力のみでなく，特に後者においてはなおさら，高次で発展的目標も評価しなければならない。したがって，絶対評価を行うには限界があり，さらに終わりの評価は，通信簿や指導要録，内申書の資料として用いられるので，信頼性，客観性確保のうえから相対評価が適しているとの声がある。しかし，現在，「観点別学習状況」のみならず「評定」も，絶対評価で行われることになっている。

なお，「観点別学習状況」や「評定」を絶対評価で適切に行うためには，その主観性や独善性の有無をチェックする意味で，標準学力検査や全国学力調査の結果を併せ用いて，補完する態度が望まれる。

また，終わりの評価の目的としては，成績の評定のほかに，これまで行ってきた指導計画や指導法の評価，反省もあるが，この種の目的の終わりの評価には，標準学力検査の結果を用いるのも1つの方法である。

事前の評価には，絶対評価と相対評価の両者が用いられるといったが，学年や学期始めに，生徒の指導のための情報を得る目的で，知能，学力，性格等の標準検査が行われるが，この場合は集団基準に準拠した相対評価の検査が多い。単元での指導計画を立てるための前提条件テストや事前テスト——第7章で取り上げる——を実施するような事前の評価は，その単元指導の具体的目標に即した到達度評価を行うほうがより目的に合っている。すなわち，長期的な事前の評価には相対評価，短期的な事前の評価には絶対評価が適している。

3 授業形態，学年程度等の違いから

授業形態としては，一人一人の生徒の能力に応じ，進度や時間を異にした個別指導を行っている学級ほど，絶対評価が有効で，行いやすい。同一時間割による一斉授業の形態では，生徒間で学習成果はまちまちとなるであろうから，相対評価が行いやすいが，基礎的目標については絶対評価で補い，落ちこぼしを防止したいものである。

一般に，低学年では絶対評価が行いやすいが，高校，大学など学年が進むにしたがって行いにくくなり，相対評価がむしろ向いていると思われる。しかし，大学での専門教育においては，絶対評価を行う必要がある。

第 2 部

評価資料収集の技法

第2部 評価資料収集の技法

第4章 資料収集のための技法（1）
──テスト法──

　教育評価を適切に行うためには，評価活動に必要な資料を整える必要がある。その資料を収集する技法に精通することは，教育評価を適切に行うための必要条件である。そこで，これから3つの章にわたってその技法について論じよう。

　まず，比較的客観的な資料が入手できることからもっとも多く使われるテスト法のうち，教師が自ら作成する教師自作テストの問題作成に利用される問題形式について論じよう。むろんそれらの問題形式は，確認しようとする学力（知識・理解，技能・表現，思考・判断等）に応じて選ばれ用いられるものであり，その中の一部は標準検査の作問にも当然利用される。

I 客観テスト

　客観テスト（objective test）は，主観的に陥りやすい条件をほとんど完全に排除でき，得られる資料の信頼性・客観性においてもっとも優れた技法といえる。しかしながら，妥当性の保証ということになると満点とはいえず，そのためにはかなりの工夫を要する。
　客観テストには，いろいろな問題形式が考案されているが，これを大別すると再認形式（recognition types）と再生形式（recall types）に分けることができる。以下もっとも広く使用される客観テストのうち，まず再認形式による問題形式について述べ，次に再生形式による問題形式について述べよう。

1 再認形式

　再認形式（recognition types）は，与えられた命題が正しいか否か，実現した

目標（身につけた知識等）に合致したものであるか否かを確認したり，与えられた事象間の関係を再確認したりする形式である。真偽法，選択法，組合せ法等がある。

(1) 真偽法（諾否法・正誤法）

次の例示のように，「正」―「誤」，「そうです」―「ちがいます」など，用意された2方向の答えのうち，いずれか一方を選ばせる方法である。例3のように与えられた命題の1つ1つに○か×で答えさせる問題もこの範疇に入る。

[例1] 陸上で生活する動物は，すべて肺で呼吸する。　正・誤
[例2] 対角線が直行する四角形は，ひし形である。　　そうです・ちがいます
[例3] まちのようすを調べるために，高いところからまちを見わたしています。
　　　この方法で調べられるものに○を，調べられないものに×をつけなさい。
　　□　山や川，平地や台地など，土地のようす。
　　□　国道を通る車や人の数。
　　□　道路や鉄道のだいたいのようす。
　　□　おもな建物と，それのあるところ。
　　□　店で売っている品物の種類や，売っているようす。
　　□　むかしのまちと，今のまちのちがい。

真偽法（true-false or yes-no test）は，客観テスト考案の初期にあっては，もっとも多く用いられたということであるが，今日はそれほどには使用されていない。その最大の欠陥は偶然的中の危険が多いことである。しかしながら次のような場合には，いぜん適当な方法であろう。

① 次項で述べる選択法を用いようとしても，適当な選択肢が2つしかない場合。
② その知識や理解や思考がまだ単純である小学校低学年児童の知識・理解・技能等を確認しようとする場合。
③ 価値観・態度・興味などを調べようとする場合。この場合は，真偽法というよりは諾否法とか，あるいはのちに述べる質問紙法（自己目録法）などのほうがよい。

真偽法を用いる場合には，次のような事項に配慮する必要がある。
① この方法によって問題を多数提出する場合，その叙述が真であるものと

偽であるものをランダムに配列するようにする。正解の位置を固定させないためである。
② 真か偽かはっきりしたものを問題に選ぶべきで，一部は真，一部は偽といったような曖昧なものであってはならない。
③ 末尾が否定の否定になるような叙述は避ける。
④ その叙述が真のものと偽のものとをほぼ同数提示する。しかし，まったく同数にしなければならないというのではない。
⑤ 採点に際しての配慮：生徒が全問に答えるのに十分な時間を与えてあるときは正答数をそのまま得点としてよいが，大部分の生徒が答えきれないような時間設定をした場合は，偶然適中の危険を考慮して，正答数から誤答数を減じた残りを得点とする。

(2) 選 択 法

選択法（multiple-choice test）は，真偽法の真・偽のいずれか一方または双方の選択肢の数を増やして，それらの中から真・偽いずれかの選択肢を指定した数だけ選択させる方法である。これに答える生徒の心理過程からみれば，相互に幾重にも比較考慮して適切なものを選択しなければならないから，判断力・推理力などの高度の精神過程や理解の深さを確認するのに妥当する形式である。しかも採点の客観性も十分確保できるので，今日あらゆる問題形式の中でもっとも使用される機会が多い。また，単に知的学力だけでなく，態度・鑑賞などの確認のために用いることも可能である。

［例１］ 次の｜ ｜の中のことばで，正しいものを１つ選んで，記号に〇をつけなさい。

彼は，たいへん ［ ア 既 知 / イ 危 地 / ウ 機 知 / エ 基 地 / オ 貴 地 ］ に富んでいて，おもしろい人だ。

［例２］ いろいろな品物を買い入れるとき，次の中でどのようなたいどをとるのがよいと思いますか。２つ選んで〇をつけなさい。
　　ア なるべく安いものをさがし，大量に買い入れて，家にとっておき，必要なときに使うようにする。
　　イ テレビやインターネットで「物のねだん」をよく聞いたり，見たりし

て，なるべく安くてよい品物を買うようにする。
ウ　デパートや商店の広告を見て，季節のものを，だれよりも早く買うように努力する。
エ　少しくらい高くても，長持ちしたり，自分の気持ちにぴったりするものを買うようにする。
オ　クラスの多くのともだちがもっているものは，きっと良いものなので，ぜひ買うようにする。

　多肢選択法はきわめて優れた作問形式であるのでしばしば用いたくなるが，乱用は避けたい。元来，真偽法・選択法ならびに次に述べる組合せ法の三者は，前述したいわゆる再認形式であって，出題者のほうであらかじめ正誤取り混ぜたいくつかの答え（選択肢）を示しておき，その中からもっとも適切と思うものを選択させる方法である。だから解答者の心理過程からいえば，自発的に，オリジナルな答えを再生または構成するのではなくて，比較・弁別・選択の過程である。しかも答えは，その比較や弁別や判断や推理の結果が〇やその他の符号で表現されているだけで，判断や推理の過程そのものは答案に表されていない。したがって，その精神過程そのものの内容を確認するという目的や，記憶しておくべき事実や内容が確実に記憶されているかどうかを確認するという目的には，この問題形式は妥当性が低いことになる。
　選択法を用いる場合のおもな注意点は以下のとおりである。
① 　誤答とする選択肢も，いちおうもっともらしいものにしておくことである。生徒に再生法で自由に答えさせたとき，彼らがたぶん誤って答えるようなものを誤答の選択肢として盛り込むというのがよい方法であろう。
② 　高度で微妙な判断力・思考力・理解などについて確認しようとする場合は，選択肢の数を多くし，かつそれらの選択肢の間の差異を少なくして，いずれもある程度は正しいようにすればよい。逆に低学年向きにやさしく構成しようとする場合は，選択肢の数を少なくし，かつ各選択肢の正誤の差を大きくして，正誤がきわだつようにすればよい。
③ 　正答となる選択肢の位置に配慮し，常に2番目とか3番目というように同じ位置にならないよう，ランダムな位置に置くように心がける。
④ 　正答の選択肢の文章を特に長くしたりあるいは逆に短くしたりして，き

わだつようにしてはならない。正しい選択肢は，完璧を期すあまり，とかく長くなりがちである。正答の選択肢の長さに合わせる気持ちで誤答の選択肢を作るとよい。

⑤ 指定した解答数よりも多く選択していたら，その中に正答が含まれていても点数は与えない。なお，誤答の選択肢の数が指定選択肢数より少ないと，いい加減に答えても得点することになるので，指定解答数プラス１～２の誤答の選択肢を作成することにより，そのような事態を避けるとともに，最後まで判断・選択が必要な形にしておく。

(3) 組合せ法

組合せ法（matching test）は，いわば選択法の複合形式であって，何か２つの事象間の関係についての理解や知識を確認するのにもっともよく妥当する。そのもっともふつうの形式は，左右または上下の２列にいくつかずつの事項を並列して，何らかの観点から互いに関係する事項どうしを，線で結合させたり，あるいは番号を記入させたりする方法である。

［例１］ 三権分立の三権とは次の①から③のことをいいます。それぞれを担当するのは右のどれにあたるか。線で結びなさい。

① 司法権　・　　　・ ア 内　閣
② 立法権　・　　　・ イ 裁判所
③ 行政権　・　　　・ ウ 天　皇
　　　　　　　　　・ エ 国　会
　　　　　　　　　・ オ 国　民

［例２］ 次の１～４の人物の活躍した時代をA群から，著作物をB群から選び，記号で答えなさい。

人　物	時代	著作物
１　夏目漱石		
２　紫式部		
３　兼好法師		
４　十返舎一九		

A 群　　　　　B 群
ア　平安時代　　カ　源氏物語
イ　鎌倉時代　　キ　草枕
ウ　室町時代　　ク　徒然草
エ　江戸時代　　ケ　枕草子
オ　明治時代　　コ　東海道中膝栗毛

組合せ法を利用する場合のおもな注意点は，以下のとおりである。
① 各項について，ただ1個だけ正しい組合せができるようにする。
② 各群の項目は，それぞれ同一種類のものとする。
③ 問題群の項目数より，選択肢群の項目数を多くしておき，最後まで選択しなければならないようにしておく。

2 再生形式

再認形式が，与えられた命題（文章や選択肢）が指定された条件にあてはまるか否かを認識する形であったのに対し，この再生形式（recall types）は，解答者自らが，学習し保持した事柄や内容を思い出し（再生して），指定された条件にあてはまる解答を作り出す形式である。そのため，再認形式による場合よりも確かな記憶を解答者に要求することになる。この形式の代表的なものとしては，単純再生法，完成法などがある。なお，論文体テストも再生形式であるが，採点上の客観性に問題があるため，客観テストの範疇には入れられない。

(1) 単純再生法

単純再生法（simple-recall test）は，解答を直接求める問題形式である。

[例1] 太陽にいちばん近い惑星は何か。
[例2] 「解体新書」を著したのはだれか。
[例3] 次の計算をしなさい。
　　　　37＋45＝　　　　86－37＝
[例4] 次の傍線部分の語を漢字になおしなさい。
　　　　かんきょう問題について考え，問題点をせいりする。

単純再生法は，明白な事実についての記憶や知識を確認するのにもっとも適した形式といえる。この問題形式が妥当するのは，その正答が1つ，または2つ明瞭に確定している場合であって，いろいろな答えが可能な場合はその採点の客観性の確保が困難となる。また，再生法で少し複雑な内容を答えさせようとすると，論文体テストに接近して，もはや客観テストとはいいがたくなる。

要するに，この問題形式は高度の理解力・判断力・推理力を確認するのにはあまり妥当でない。むやみにこの方法を用いると，生徒の学習が断片的事実の

記憶という方向に向いてしまうおそれがある。このことは，知識の詰め込みに重きをおかない昨今の学習指導要領の趣旨に反することになる。したがって，この単純再生法の使用は，きわめて重要な事項についての知識・技能の確認に絞るべきである。このほかの注意事項としては次のことがあげられる。

① 正答は問題作成の段階で十分吟味しておくべきであるが，もし予期しなかった答えでも，それが正しければ正答として扱う。

② 国語の漢字書き取りなど特定の場合のほかは，答えの文字や文章の不十分さは，ある程度許容して採点する。

(2) 完　成　法

完成法（completion test）は，まとまった思想や内容を表す文章，計算，式，図などを示して，そのいくつかの空所を埋めさせるという形式である。

［例1］　パンやごはんを，口の中では，よくかむのがよいというのは，それらに（　　）をよく混ぜるためである。それが混じると，パンやごはんのでんぷんは（　　）に変わる。

［例2］　次の□にあてはまる数をそれぞれ記入しなさい。
$x^2 - 10x + 16 = (x - \Box)(x - \Box)$

［例3］　右の図は，末位の数字が6である6桁のある整数を4倍した結果である。この図の2つの□には同じ数字が入る。その数を書きなさい。

```
 ア□イウエ6
×        4
 6ア□イウエ
```

組合せ法が選択法の複合形であったように，完成法は単純再生法の複合形である。しかしながら，その妥当性や利用価値においては，単純再生法とはかなり異なり，比較的高度の理解力や関係判断力を確認できるという長所をおびてくる。その理由は，完成法の問題では，かなり複雑な内部関係を含めた全体文脈が提示され，その複雑な関係に反応させるような発問形式をとるからである。このようなことから，完成法は選択法とともに，昨今重視されている学力の要素の確認のために有用な形式であり，多く用いていきたいものといえよう。

なお，今日，わが国においては，再生形式である完成法と再認形式である選択法とを融合した形式が広く用いられている。例4がそれで，選択完成法あるいは統制的完成法と呼ぶことがある。

[例4] この憲法が国民に保障する（　1　）及び権利は，国民の不断の努力によって，これを保持しなければならない。また，国民は，これを濫用してはならないのであって，常に公共の福祉のためにこれを利用する（　2　）を負う。

すべて国民は，（　3　）として尊重される。生命，自由及び幸福追求に対する国民の権利については，（　4　）に反しない限り，立法その他の国政の上で，最大の尊重を必要とする。

すべて国民は，（　5　）の下に平等であって，人種，信条，性別，社会的身分または門地により，政治的，経済的または社会的関係において，（　6　）されない。

ア　正　義	イ　自　由	ウ　差　別	エ　公共の福祉
オ　個　人	カ　責　任	キ　法	ク　平　和

完成法の使用にあたっては，すでに述べた単純再生法の場合の注意事項がそのままあてはまるほか，次の注意が必要である。

① 完成させるために提出する文章や図などは，有意味な1つの文脈をなすことを基本条件とする。
② 文頭に空所を設けたり，空所の数をむやみに増やしたりして，全体の意味や関連の把握が不可能になることがないようにする。
③ 空白にするところは重要な概念に限り，末梢的な事項は問わない。

3　その他の客観テスト

これまで紹介してきた問題形式のほかに，無秩序に並べられたいくつかの項目を一定の基準（年代順，大小順，重要度順，作業順など）に配列させる配列法，誤った部分を含む文章や図形などを与えて訂正させる訂正法などがある。

[例1] 年代の古い順に，1，2，3…の番号を（　）の中に書きなさい。（配列法）
　　　（　）荘園が多く発生した。　（　）立憲政治が行われた。
　　　（　）武家政治が始まった。　（　）参勤交代が行われた。
[例2] 次の文の誤った部分に下線を引き，正しい答えを書きなさい。（訂正法）
　　　こえを　そろって　うたいました。

Ⅱ　論文体テスト

　論文体テスト(essay-type test, あるいは, essay examination)はまた文章体テストともいい,「〜について知るところを記せ」「〜を説明せよ」「〜について論ぜよ」「〜を要約せよ」などのかたちで比較的少数の問題を出して,自由に文章を記述させる形式である。論文体テストのうち,1行か2行ぐらいの短い文章で答えさせるような形式を短文体テスト(short-answer essay test)と呼ぶこともある。

　この方法は伝統的試験法として古くから用いられてきたのであるが,20世紀初頭からの教育測定運動によって主観的であるとの理由で非難された。しかし,その後,評価運動の勃興とともに,あらためてその価値が認められてきている。最近では,わが国においても,平成4年度からの学習指導要領が旗印とした「新しい学力観」で思考力・判断力・表現力が重視されたことから,短文体テストの高校入試問題への導入が試みられた。しかし,のちに述べる採点上の欠陥が起因して,採点の対象外としたり,何か書いてあれば内容にかかわりなく点数を与えるというような笑えない喜劇も生じた。

　論文体テストの価値があらためて認められたのは,客観性・信頼性に欠点はあるとしても,確認すべき目標に対する妥当性において,客観テストにはない長所をもっているからである。

　論文体テストによる確認が比較的よく妥当する目標は,主として学習に関する目標のうち,次のようなものである。これらは客観テストではかならずしもうまく確認し得ないものである。

① 　2つ以上の比較能力
　［例］　日本海側と太平洋側の気候の特徴を比較して書きなさい。
② 　関係の理解
　［例］　パソコンの普及が私たちの生活にどのような影響を及ぼしたと思いますか。
③ 　事態の説明や推理力
　［例］　インフレーションについて知っていることを書きなさい。
　［例］　工業的に作られた食塩よりも,海水から抽出された天然塩が好まれるのはどうしてだと思いますか。

④　要約や概括能力
[例]　「走れメロス」を読んで，その内容を簡単にまとめて示しなさい。
⑤　事態の分析ならびに分類能力
[例]　江戸時代における「鎖国」の，歴史上の功罪を分析して記しなさい。
⑥　知識・原理の適用力
[例]　鉄道のレールが溶接されていないのはなぜだと考えられますか。
⑦　評価・批判・鑑賞力などの能力
[例]　核拡散防止条約の果たしている役割について思うところを記しなさい。
⑧　態度・価値観
[例]　ボランティア活動に参加することの意義について，あなたの見解を述べなさい。

以上の分析にはかなり重複する面もあるが，要するに論文体テストは，複雑で高度な理解や判断の過程ならびに結果，価値観，態度，鑑賞などに関する確認情報を求めるのに有効である。

しかし，他面，いぜんとしてこの問題形式は欠陥をもっている。その欠点の多くはその主観性と非信頼性に起因している。そこで，この点を中心に，論文体テストはこれを改良して使用するように心がける必要がある。そのおもな改善の方策は次のようなことである。

①　答えさせる方向・内容を分析して，大まかに制限を加える。
　　論文体テストでは，解答者の解答があまりにも自由なため，解答者間でその答えの方向や強調点がまちまちであって，教師の予期する答えをしない者もあろうし，一方に偏した解答に終わる解答者もあろう。つまり，十分豊富な確認資料を求め得ないとともに，その採点もすべての解答者の解答を同一基準で客観的に行い得ないことになる。そこで，答えさせる方向・内容を分析して，大まかに限定するのは，1つの改良法である。たとえば，「単子葉植物と双子葉植物を比較して述べよ」とはしないで，

　　[例]　単子葉植物と双子葉植物を（1）子葉，（2）葉脈，（3）茎の断面のようすの3つの点で比較して，記述しなさい。

というようにする。これは，論文体テストの本質である自由性に若干の統

制を加えているから，「半統制的論文体テスト」と呼ぶこともできよう。しかし，この統制をいっそうきついものにすれば，それは前述した客観テストに近づくことになる。

② なるべく問題の数を増やし，確認しようとする指導目標の全範囲をカバーするようにする。

いわゆる問題のサンプリングに配慮をするということである。

③ 答案採点のために，あらかじめ，なるべく明瞭な基準を用意して，それに則って採点する。

満点に近い答案から最低の点数に値する答案まで，何段階かの答案（基準）を想定しておき，それらとの比較で採点をするということである。

④ ③の方法をとる場合，解答者ごとに全部の問題について採点をすまして次の解答者に進むよりも，問題別に全解答者の答案を通して採点をするほうが，採点の客観性を高めることになる。

⑤ 知識の程度とか，理解の度合いとか，判断の適否とか，確認しようとする目標に視点を絞って採点するようにする。

実際に採点する段になると，文字や文章の巧拙，誤字脱字の多少，その解答者の過去の成績など，目下確認したい目標と本質的に関係のない諸条件が気になって，それらの諸条件によってつい採点が左右されてしまいがちである。これを心理学では，眩暈効果あるいは後光効果（halo effect）という。名前を答案の裏に書かせて採点者に見えないようにしたり，あるいは名前を書かせず番号を書かせたりするのは，この眩暈効果を逃れるための１つの工夫である。

III 問題場面テスト

新しい教育が要求する資料収集技法の１つに，これまで述べた客観テスト，論文体テスト両テスト形式の高度の応用型ともいうべき問題場面テスト（problem-situation test）がある。この技法は元来，著名な八年研究において発展させられたものであるが，その後のアメリカの多くの文献では，この種のテストを解釈テスト（interpretation test）と呼んでいる。

客観テスト，論文体テスト，問題場面テストの３つを比べて，ウェスマン

(Wesman, A.G.)は，客観テストは「これについて何を知っているか」(what do you know) を問う形式であり，論文体テストは「この問題で何を言う（語る）ことができるか」(what can you tell) を問うものであるのに対して，問題場面テストは「この材料から何を発見することができるか」(what are you able to find) とか，あるいは「何を為すことができるか」(what are you able to do) を問うテスト技術だと述べているが，的を射た表現である。要するに，この技法は，今日の教育が重視する思考力，応用力，創造力などを確認するのに，すべてのテスト技法の中でもっともよく妥当するものである。

一般的にいえば，問題場面テストというのは，それまでに授業中にそのままのかたちで指導してはいないが，しかし既習の理解や思考法を活用すれば解決できるような新しい問題場面を示して，その問題を解決させるという方法である。肝要なことは，そのままのかたちでは学習させていない新しい具体的問題場面を提示するということである。それは，単なる記憶や過去の経験そのままをもってしては答えることができない問題場面であり，その解決に分析，総合，創造，評価，批判などの，いわゆる問題解決力（思考力）なるものの本質を働かせることを必要とする場面である。

問題場面テストは，論文体テストを用いた問題場面テストと，客観テストを用いた問題場面テストの2種類に分けて考えることができる。

1　論文体による問題場面テスト

これは，解答を自由に記述させる形式の問題場面テストである。いくつかの例をあげよう。

［例1］　電車のドアが開くと，あなたの前に並んでいた人がいち早く乗り込み，かぶっていた帽子ともっていた鞄を自分の両脇に置いて，あなたよりだいぶ後ろに並んでいた友人に手招きをした。そのためあなたは座ることができなかった。（以上が問題場面にあたる）このときあなたはどのような行動をとるか書きなさい。

［例2］　右の図は，ある場所でのレールと路面の断面図です。
　問1　この付近でレールを上から見ると，どのように見えると考えられるか。図で示しなさい。

問2　そう考えた理由を書きなさい。

［例3］　右のグラフは，東京市場におけるなすの価格の動き，入荷量の総量および，そのうちの高知県産なすの東京市場への出荷量を月別に示している。高知県産なすの東京市場への出荷量が少ない時期は，東京市場の入荷量の総量と価格との関係から見て，おおむねどのような時期といえるか。「入荷量の総量」と「価格」という2つの語句を用いて25字以内で書きなさい。（平成7年度千葉県公立高校入試問題を一部改変）

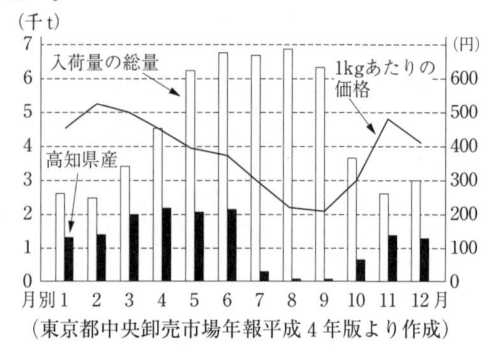

（東京都中央卸売市場年報平成4年版より作成）

2　客観テスト形式の問題場面テスト

問題場面の提示の仕方は論文体による問題場面テストと同じであるが，解答のさせ方に，選択法その他の客観テスト形式を用いる方法である。論文体による問題場面テストの［例3］を選択法を用いた形にすると次のようになる。

［例］　次の文の中で，グラフ（グラフは前出のもの）の読み取りとして正しいものを1つ選べ。

　ア　高知県が出荷する時期にはナスの価格が高くなっているが，これは高知県産のなすの品質がよくて高く売れるためと思われる。

　イ　高知県では，東京市場への入荷量の総量が少ないために価格が上がる時期をねらって，出荷するようにしていると思われる。

　ウ　東京市場への入荷量の総量が多い夏場は，高知県では気温が高すぎるため，なすが作られていないと思われる。

　エ　高知県が出荷する時期にはなすの価格が高くなっているが，これは輸送のための費用が多くかかるからと考えられる。

Ⅳ 質問紙法

　確認しようとする目標のうち，興味・意欲・態度・性格・適応性・鑑賞などにペーパー・テストを用いることは，一般に困難であるが，それらに比較的よく妥当するものとして質問紙法（questionnaire）がある。質問紙法は，答える側からいえば質問された内容に関して自分の実情を自己診断して答えることになるので，自己目録法（self-inventories）または自己診断法とも呼ばれる。なお，質問紙法の特殊なものとして，ある人のことに関して第三者が観察所見を答える（たとえば，母親が自分の子どもについて答える）という形式もある。

　質問紙法は様式としては簡単なもので，何か確認しようとする事柄について，多数の質問を提示し，真偽法（諾否法）のように，「はい」「いいえ」とか「そうです」「ちがいます」とか，「賛成」「反対」などをそれぞれの質問の下（右）に印刷しておいて，自分の実情に合致したほうにチェックさせるというものである。ときには，「わからない」「どちらともいえない」とかを付加しておくこともある。

[例1] 下の1つ1つのことがらについて，「すき」か「きらい」かどちらかに○を付けなさい。どちらともいえないときには，そのままにして次へ進みなさい。
　　　1　雑誌や小説を読む　　　　　　　　　　すき　　きらい
　　　2　地図やグラフや表を見る　　　　　　　すき　　きらい
　　　3　工場や店に行って社会のことを調べる　すき　　きらい
　　　4　ものの長さや重さを測ってみる　　　　すき　　きらい
　　　5　クラスの会計係になって計算をする　　すき　　きらい

[例2] 次の問いで，そのとおりであれば「はい」に，ちがうときには「いいえ」に，どちらともいえないときには「？」に○をつけなさい。
　　　1　あなたは学校に行くのがいやになることがありますか。
　　　　　　　　　　　　　　　　　　　　　　　　はい　　いいえ　　？
　　　2　あなたは，学校に親しい友だちがたくさんいますか。
　　　　　　　　　　　　　　　　　　　　　　　　はい　　いいえ　　？
　　　3　あなたの学校のふんい気は，とても気持ちがよいですか。

　　　　　　　　　　　　　　　　　　　　　　　　はい　　いいえ　　？
　　4　あなたは，学級活動やクラブ活動にすすんで参加していますか。
　　　　　　　　　　　　　　　　　　　　　　　　はい　　いいえ　　？
　　5　あなたは，この学校から転校したいと思うことがありますか。
　　　　　　　　　　　　　　　　　　　　　　　　はい　　いいえ　　？

　質問紙法は，必要に応じて教師が自由に作って活用できるものであるが，質問項目の作成には，十分な配慮が必要である。1つには回答者やその家族のプライバシーを侵害するような項目を避けることであり，もう1つはその質問項目が確認しようとする事柄にとって必要欠くべからざるものかどうかという点である。性格検査，適応性検査，その他標準化された検査の中にもこの形式を用いたものが多くあるが，これらの検査では，前者への配慮はもとより，後者については内容的妥当性の検討として十分に吟味されている。

V　口　答　法

　口答法または問答法はペーパー・テストではないが，ここで取り扱うのがもっとも適当と考えられるので，ここに付記することにした。なぜならば，問答法における「質問」は，論文体テストにおける「問題」の1つの変種とみられるからである。

　生徒の知識・理解・思考等の能力は，むろんこれまで述べてきた各種のテスト法で確認することができる。しかし，授業過程における評価（形成的評価）の場合など，いちいちテストを行うことは事実上できない。そこで，古来から教師が直接口頭で質問（oral question）を出してそれに口答させるという方法を一般にとってきている。このような口問口答法は，歴史的には，筆記試験よりも古くから行われてきた方法である。特に小学校では，これからもこれが教室における評価資料収集技法の基本的方法であり，母体をなすであろう。

　問答法の長所・短所は，論文体テスト法と共通する点があるが，しかし異なる点もある。その利用の簡便性，適時性や即時フィードバックに基づく指導や学習の調整の点では，はるかに論文体テストに勝っている。また，質問内容に関して解答者に誤解があったら，ただちに問い直しができる。しかしながら，

全生徒の前で挙手して答えさせるので，解答者の緊張を高め，特に内向的な解答者を情緒不安定に陥れる危険性においては，テスト法以上であるかもしれない。また，将来への記録も残らない。

　この方法の利用上のもっとも大切な注意は，質問を発してただちに挙手をした者をすぐ指名して答えをいわせるのでなく，大部分の者が自分がわかっているか否かを確認できるまでの若干の時間的余裕をおき，その後に答えさせるということである。発問の最大の効果は，自分がわかっているか否か，記憶しているか忘れてしまったかについて確認を促すということである。また，問答形式ばかりに頼ると，性格的に外向的な者やよく答える者を「できる子」と，内向的であまり答えない者を「できない子」と解釈してしまう危険がある。この点は，ペーパー・テストが優れているので，併用することを忘れてはならない。

第5章 資料収集のための技法（2）
——教師自作テストと標準検査——

I 教師自作テストと標準検査

通常，学校で使用される検査には，教師自作テスト（teacher-made test）と，知能・学力・性格等についての標準検査（standard test）の2種類が含まれている。場合によっては，前者を非公式検査（informal test），後者を公式検査（formal test）と呼ぶことがある。また，標準検査のことを教育・心理検査と呼ぶこともある。

1 教師自作テストの意義

教師自作テストは，文字どおり教師自らが，自学級・学校において指導した目標と内容に即して作問して実施するテストのことである。わが国のいわゆる市販テストのようなものも，分類上はこれに入るものと考えられる。

その特色は，上手に作れば，その教師の独自の教育目標と，その指導を受ける生徒の実情にぴったり合ったテストができるというところにある。単元の指導にあたり，適切な計画立案のための事前の診断テストを行ったり，途中の形成的評価の目的で，いわゆる形成的テスト（formative test）を行ったり，単元末や学期末等における総括的評価のための，いわゆる総括的テスト（summative test）を行って，生徒の成績評価やカリキュラム評価に資するなど，いろいろ変化に富んだ評価の目的に対応できるテストは，まさに，この教師自作テストである。

また，教師自作テストは，比較的頻繁に手軽に行うことができる。特に，形成的テストにおいて，目標を実現しているかどうかをみる目標基準準拠評価の

テストを行うとすれば，教師自作テストによる以外には，ほとんど方法がないことになる。標準学力検査は，集団基準準拠でも目標基準準拠でも，総括的評価ならよいが，形成的評価には適さない。

さらに，基礎的な知識・理解や技能をテストするのか，それとも応用的な思考などをテストするのかの違いに応じ，各種の客観テスト，論文体テスト，問題場面テスト，その他のテスト技法を自由自在に利用できることも，自作テストにおいてのみできることである。標準検査の技法は，ある程度の制限を受けるものである。

このような理由から，教育評価において，いつでも適切に教師自作テストを作成することができるということは，教師としての重要な教養の1つとなる。

2　標準検査の意義

しかし，教師自作テストにも不足する部分がある。それは，自作テストは主として指導の成果（出力）に関するテストであって，入力情報を求める手段としては不十分ということである。

また，自作テストは1学級，1学校内だけに通用するものであり，特に，集団基準準拠評価をしようとする場合，全国というような広域での基準と比べての解釈ができない。そこで，全国的な集団の中に位置づけて，個々の生徒の成績を評価することができるようにするためには，専門的にみて十分な妥当性・信頼性をもつ問題で，実施法と採点・処理法を一定にし，母集団を代表する基準集団に実施した結果から，全国標準の集団基準準拠検査（norm-referenced test；NRT）を作る必要がある。このようにして作られた検査を標準検査，あるいは標準化検査（standardized test）と呼ぶ。

3　標準検査の種類

標準検査は，何を検査するかという対象から，①知能検査（intelligence test），②適性検査（aptitude test），③学力検査（achievement test），④性格検査（personality test）に分類される。いわゆる教育検査（educational test）という場合は，おもに学力検査を指していて，心理検査（psychological test）というのは，知能検査，適性検査，性格検査といった，入力の検査を主として指している。

これらの標準検査は，さらに，次のいろいろな観点から分類できる。
(1)　検査の目的から
①概観検査（survey test），②診断検査（diagnosis test）に分けられる。概観検査は，その検査対象を全体として概観するもので，多くは単一の結果で表示される。診断検査は，検査対象を細かく分析して，分析された各々の能力・領域等について別々に結果を出し，それらの特徴を明らかにすることができるようにした検査である。この区別は，特に，学力検査において重要である。
(2)　問題構成の形式から
①言語式検査（verbal test，あるいは，language test），②非言語式検査（non-verbal test，あるいは，non-language test），③作業式検査（performance test）に分かれる。言語式は，問題の叙述や解答に，言語や文章形式をおもに用いる検査であり，非言語式というのは，記号・図形などを用いる検査である。作業検査は非言語式に含まれるとみてもよく，言語式と非言語式の解答方法が筆答であるのに対し，何らかの具体物による作業をさせて検査する。この区別は，特に，知能検査において重要である。
(3)　実施の様式から
①個別式検査（individual test）と，②集団式検査（団体式検査，group test）の2つに大別することができる。

以上述べてきた標準検査は集団基準準拠検査のことであるが，学力検査においては，その目的と作り方をこれとは著しく異にした目標基準準拠検査（criterion-referenced test；CRT）も標準化されていることに注目しなければならない。わが国においても，目標基準準拠の標準学力検査が公刊されている。

4　集団基準準拠標準学力検査と目標基準準拠標準学力検査

ここで，特に，標準学力検査における2つの系統についてまとめておきたい。
標準学力検査には，根拠とする評価法の違いにより，集団基準準拠評価による検査と目標基準準拠評価による検査とがある。前者はNRT，後者はCRTと，それぞれ略称が使われることもある。
NRTの目的は，「児童・生徒の学力を全国集団内の相対的位置により明らか

にすること」である。そのため，①検査の問題項目（test item）は，学習指導要領の各教科の内容に準拠した多様な困難度（通過率）のものからなる。下位検査（sub-test）＊も内容領域別に構成されている。そして，②その結果は，偏差値，段階評定などによって示される。さらに，③知能検査との相関的利用や，ほかの学習指導関連の検査をも含めた複数検査のバッテリー利用に適しているということも忘れてはならない特徴である。

CRTでは，「指導目標の実現の状況を明らかにして学力をとらえること」を目的にしている。そのため，①問題項目は指導内容を代表するようにし，基礎的・基本的な問題項目を中心にしている。下位検査は，指導要録の「観点別学習状況」の観点に準拠している。そして，②結果は，得点率や「十分満足」「おおむね満足」「努力を要する」といった判定で表される。したがって，指導要録記入の参考資料としての価値も大きいことを記しておきたい。

II 集団基準準拠標準検査の作り方と結果の解釈法

1 集団基準準拠標準検査の作り方

標準学力検査については，いま，記したように，集団基準準拠のものと目標基準準拠のものとの2系統が区別されるが，ここでは学力だけでなく知能，適性，性格のすべての標準検査に共通する集団基準準拠検査の作り方についてのみ述べ，目標基準準拠検査については後で述べる。

(1) まず，検査しようとする目標と，のちに，それを適用する学年や年齢の範囲を定め，その目標はなるべく具体的に分析し限定して，適切な出題形式で多数の問題を試作する。この場合，その問題が検査しようとする目標に対して，できるかぎり妥当性のあるものになるようにする。

(2) 次に，この試作問題を数百人の被験者に予備実験し，その結果に基づいて，次の諸点を統計的に検討する。
　① 検査の構成要素である1つ1つの問題項目について，その通過率を

＊ たとえば，国語の「書くこと」とか「読むこと」とかいうように，同種の問題項目の集合を下位検査と呼び，この下位検査がいくつか集合したものが検査全体である。検査の基本単位は個々の問題項目であるから，これらが優れていないとよい検査はできない。問題項目の良否を検討する方法を項目分析という。

調べ，極端に難解な問題や，逆に容易すぎる問題は不適当として除外する。最終的なものでは，平均点が高すぎたり低すぎたりしないように，そして，正規分布になるように問題を選ぶ。

② 検査問題として，生徒の能力をいかに正しく弁別できるかの，いわゆる弁別力（discriminative power）を吟味する。その方法としては，一般的に，G-P 分析法（good-poor analysis）*といわれる方法が用いられている。その結果，弁別力のない問題は棄却する。

(3) こうして，予備実験結果に基づいて統計的に問題を絞り込んだのちに，適当な問題が不足する場合は，もう一度問題を試作し，予備実験を行って最終的な問題を決定し，これを検査用紙に編集する。同時に，検査時間，実施の方法，採点・処理の方法などもこの段階で決める。

(4) 次に，その検査の基準を作成する目的で，(3)までの作業で決定した問題と実施方法によって，多数の基準集団の生徒に対して本実験を行う。

(5) (3)で決めた採点方法で採点し，平均点などに基づいて基準を設定する。基準の定め方には，のちに記すようにいろいろな種類がある。

(6) 最後に，統計的方法などによって，その検査の妥当性・信頼性が検証される。

だいたい，このような手順で集団基準準拠検査は作られている。既成の検査は，検査用紙と手引などのかたちで公刊されているが，このような手順で作られた問題がそのまま検査用紙に掲載してあり，また，実施方法，採点・処理方法，基準，ならびに妥当性・信頼性の検証資料などが手引に記載されているのである。すなわち，検査の作成者自身も，手引に書かれている実施方法によって本実験をして採点し，その結果に基づいて基準を設定したのであって，もし，それと違った実施方法や採点方法を用いれば，当然，基準も異なっていたはずである。標準検査の基準は一定の条件下で設定されたものであるから，後日，この検査を実施する教師も，手引に示された条件に即して実施しないと，得られた結果をその基準に照らして解釈するわけにはいかないのである。

---

* G-P 分析法というのは，まず，検査全体の得点によって，成績の上位群と下位群とに分ける。次に，個々の問題項目の通過率を，この上位群と下位群で別々に算出する。そして，上位群の通過率が有意差をもって下位群の通過率を上回る問題項目は弁別力があるとし，両群の間に有意差がなかったり，逆に，下位群のほうが上回ったりしている問題項目は弁別力がないとするのである。

2　集団基準準拠標準検査の基準と結果の解釈法

　標準検査を生徒に実施して得たそのままの得点は，いわゆる粗点（素点，raw score）であって，その意味が明らかではない。この粗点を，その検査が用意している基準にあてはめて換算してこそ，全国や全県などの水準との比較で論ずることができるようになる。そこで，その基準について記すことにする。基準には，以下のようなさまざまな種類がある。

(1)　年齢尺度法

　ビネー式個別検査で用いられている精神年齢（Mental Age；MA）は，これに該当する。

　精神年齢による表示法は，知能検査の最初の考案者であるビネー（Binet, A.）が提案したもので，その生徒の生活年齢（Chronological Age；CA）に関係なく，その知能を，精神年齢何歳何ヶ月というように，年齢の概念で表したものである。

　年齢尺度法による基準の解釈は，はなはだ簡単であって，その生徒の現在の生活年齢と比較し，それより高いか低いかで判断される。

(2)　指　数　法

　精神年齢は，生活年齢に対する比率を出して，いわゆる知能指数（Intelligence Quotient；IQ）の形で使用される場合が多い。指数法は，ドイツのシュテルン（Stern, W.）が1912年に示唆したものであったが，のちにアメリカのターマン（Terman, L.M.）によって，初めて知能検査の基準として用いられたといわれている。それは，次の公式によって算出される。

$$知能指数\ (\text{IQ}) = \frac{精神年齢\ (\text{MA})}{生活年齢\ (\text{CA})} \times 100$$

　指数法を基準とする検査の結果の解釈は，説明の必要もないほど容易であって，指数100の生徒を年齢相応の知能として，100より上回るか，そうでないかによって，その生徒の知能の発達状況はどのようであるかが理解できる。

　また，次に述べる偏差値に根拠をおきながら，知能指数と同様に，指数100を中心にした解釈ができるようにしたものが，偏差知能指数（deviation IQ；D・IQ）である。

(3) 偏差値法*

　指数法による基準は簡単で便利な面もあるが，理論的には問題**もあることが指摘されている。これに対し，偏差値法はもっとも合理的といわれ，それだけに，知能検査や学力検査に，今日，広範に使用されている方法である。

　仮に，いま，ある検査を多数の生徒に実施して，得点の分布図を描いてみたら，0点から100点にわたって，図5.1のような分布となり，さらに，計算の結果，平均点（M）が50点，標準偏差（Standard Deviation；SD）が10点であったとする。この場合，たとえば，70点の生徒は平均点より20点高く，これを標準偏差である10点を単位として表すと，図に示すように，2SDとなる。

　したがって，その生徒は，この図において2SDのところに位置している生徒ということになる。換言すれば，70点を標準得点に直すと2となるのである。この生徒より優れた生徒は，全体の中でごく少数で，図中の斜線を入れてある部分だけしかいないので，この生徒は優秀な生徒ということ

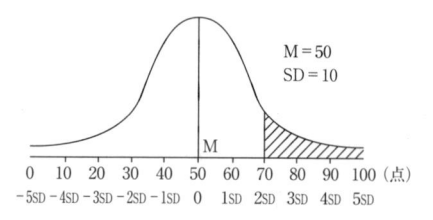

図5.1　得点の分布図

になる。同様にして，この検査で20点しかとれなかった生徒は，標準偏差を単位にしていえば，$(20-50)\div10=-3$なので，この図の$-3SD$のところに位置し，標準得点では-3の生徒であるということができる。

　このようにして述べてくると，要するに，標準得点というのは，平均点の位置を基点（0）として，個々の生徒が，基点から上または下にどのくらい偏差しているかという偏差の度合いを，標準偏差の大きさを単位にして表現したものであり，集団の平均点と標準偏差を計算したうえで，ある生徒の得点をXとすれば，次の公式で与えられるものである。

$$標準得点（z得点）=\frac{X-M}{SD}$$

　このままでは，ちょうど平均に当たる生徒の標準得点は0で，全体は+5く

---

　*　偏差値について理解するには，正規分布曲線と標準偏差についてよく知っておく必要があるので，本書の付章「教育統計」を参照していただきたい。
　**　たとえば，知能指数においては，精神年齢の発達は加齢とともに緩やかになるので，同じ知能指数でも，生活年齢によって，その意味が一定にならない。

らいから−5くらいまでにわたり，小数になったり負号が付いたりして不便である。それを解消するために，次の公式で修正する。これが，偏差値（Z得点）である。

$$偏差値（Z得点）= \frac{X-M}{SD} \times 10 + 50$$

標準得点（z得点），偏差値（Z得点）は，もとの得点の分布形状は問わないが，正規分布を前提とする偏差値を，特にT得点という。偏差値（T得点）で処理すれば，粗点における満点関係によらず，また，問題の難易による影響にかかわらず，さらに，得点分布の大小にも左右されないで，すべて同一の尺度で測ることができるのである。

偏差値の公式から理解されるように，偏差値基準では50が平均水準で，それを上回れば次第に優秀となり，それ未満が，漸次，平均を下回る結果と解釈される。

(4) パーセンタイル法

知能検査，学力検査，性格検査の基準には，パーセンタイル（percentile rank）を使ったものもある。

それはきわめて簡単な考え方であって，個々の生徒の検査結果を集団の中に位置づけて相対的に表示する場合に，集団人数の多少に関係なく全体を100とみて，下から数えてどの程度に位置するかを示す方法である。したがって，中央値となる得点は50パーセンタイルであり，一般に，いちばん下に位置する得点は1パーセンタイル，いちばん上に位置する場合は99パーセンタイルと表記されることになる。

この方法は，正規分布でない分布の場合でも利用することができるという長所がある。その反面，同じ1パーセンタイルの差といっても，分布の両端における1パーセンタイルの差と中央の50パーセンタイルあたりでの1パーセンタイルの差とでは，対応するもとの得点の幅に違いがある。

得点とパーセンタイルとの関係を，本実験の結果に基づいて算出したものが，パーセンタイル基準である。

(5) 段階点基準

指数，偏差値，パーセンタイル基準は，個人の結果を何十段階にもわたって

細かく数量化して示すが,初めからもっと粗い数段階という少数の段階を意図して基準が作成されることもある。この場合,平均点と標準偏差から,何点から何点までは5,次の何点から何点までは4というように,5段階などの数値で表示し,これをもって段階点とするのである。

この方法は,個人の結果を大づかみに理解するには便利な方法と考えられるが,得点の幅のあるものを1つの段階点に代表させるのであるから,段階の区切り目付近では,それほど差のない結果でも1つの段階の差として表現されてしまうこともある。

わが国の現行の知能検査や学力検査には,偏差値基準のほかに,この基準を併用しているものがある。

Ⅲ 目標基準準拠標準検査の作り方と結果の解釈法

1 目標基準準拠標準検査の作り方

目標基準準拠の標準検査は,主として学力検査であって,知能検査や性格検査などの,いわゆる心理検査ではほとんどみられない。このような目標基準準拠検査の標準化の方法は,これまで記した集団基準準拠検査の方法とは大きく異なっていて,以下の手順による。

① まず,一定期間内に指導した目標領域(観点)ごとに,そこに含まれる具体的な目標を綿密にリスト・アップする。このリスト・アップされた具体的目標群(目標母集団)が,目標基準準拠検査の規準(criterion)となる。

② ①の各観点に含まれる具体的目標の全部を検査することはできないので,それらを質量ともに適切に代表するような一部の目標を選んで,それらについて作問して検査する。

③ それぞれの観点について,最適と考えられる基準(standard)を設定する。この基準は,生徒の検査結果がいくつかの判定(たとえばA, B, C)のどれに該当するかをみる目的のもので,分割点(cutting score)とも呼ばれ,通常,後述するような得点率で表示される。この基準を,高すぎないよう,また低すぎないように設定することがもっとも大切である。

④ このようにして設定された基準を使って、②で検査された生徒の結果に対して、目標実現の状況の判定を行う。
⑤ この検査の妥当性・信頼性を検証しておく必要性は、集団基準準拠検査の標準化の場合と同じであるが、検証方法は集団基準準拠検査とはだいぶ異なっている。
⑥ さらに、その検査が広範に全国的に実施された結果に基づいて、各判定の全国出現率、各観点の全国得点率などの全国資料を用意して、各学級や学校における実施結果の解釈のための参考に資するのが望ましい。

以上のとおりであるが、要するに、目標基準準拠検査は推定の作業である。指導した全目標を残らず検査できればよいのであるが、現実問題としてそれはできないので、一部の代表サンプルを選び、それを検査して得られた結果から、目標実現の状況を推定するのである。

2 目標基準準拠標準検査の基準と結果の解釈法

目標基準準拠検査における粗点は、実現された目標数を表す得点である。ただし、得点のままでは、その観点の全実現目標数（満点）が違うと意味が異なってくる。そこで、目標基準準拠検査では、次式により得点率を算出して利用する。

$$得点率（\%）=\frac{実現された目標数（得点）}{その検査の全実現目標数（満点）}\times 100$$

次に、どの程度の得点率なら満足できるかの解釈基準を設定すると、これが目標基準（分割点）となる。これは目標基準準拠検査において特有なものであって、観点ごとに別々に設定すべきである。

集団基準準拠検査での基準は、全国的な基準集団に本実験を行った結果に基づいて、偏差値、その他のかたちで、事後設定（post-set）されるのに対し、目標基準は、その検査の実施前に良識的判断に基づいて、事前設定（pre-set）される。この目標基準を、各教師の主観的設定に任せないで、教育学的・心理学的見地から、関係者の間で十分討議して設定することが、もっとも大切である。

目標基準設定の方法に関しては、これまでもさまざまな提案があるが、エー

ベル（Ebel, R.L.）の提唱した方法を修正した方法で設定している例を，次にあげておきたい。

① 観点ごとに，すべての問題項目を，必須・重要の側面と，やさしい・普通・難しいという側面とから，表5.1における5つのカテゴリーのどれに該当するかを分類していく。

② カテゴリー別に，「おおむね満足」とするためには，最低で何パーセントの得点率が必要かといった最低期待得点率を，たとえば，表の下段のように決定する。ここで，「十分満足」の最低期待得点率は，各欄の下段の得点率に20％を加えた上段の得点率とする。

表5.1 各分類ごとの最低期待得点率

		やさしい	普通	難しい
必 須		75％	70％	
		55％	50％	
重 要		65％	60％	55％
		45％	40％	35％

③ 各カテゴリーに分類された問題項目数は実現目標数と考えられ，1目標を粗点で1点とすると，すべて実現した場合の得点数になる。

　それらの得点数に，表の下段のそれぞれの最低期待得点率を小数にしたものをかける。それらを合計して，「おおむね満足」の下限得点とする。それを，その観点の満点で割って，百分率で示せば，「おおむね満足」と判定するための下限得点率になる。

第6章　資料収集のための技法（3）
――観察法・評定法その他――

　第2章Ⅱの「教育評価の手順と方法」でふれたように，評価資料を収集する方法には，大きく分けて観察法とテスト法とがある。

　今日の教育できわめて重要な教育目標とされているものに，関心・意欲・態度・習慣など情意的目標，表現やコミュニケーション能力などパフォーマンスを伴う目標，あるいは行動や道徳性などがある。しかし，これらの目標はテストでは十全にはとらえ得ない。これらを何らかの方法で評価することが要請されているのである。今日の教育評価では，以下に述べるような資料収集の技法を発展させ，テストと相補うものとしてこれらを重視している。

Ⅰ　観察法

　観察法とは，教室・運動場，校外における日常の生活場面で，生徒の具体的行動を観察し評価する方法である。

　この方法の長所は，だれでも，また，いつでも，どこでも用いることができ，しかも生徒の自然のままの行動や偽らない真相をとらえることができるところにある。そして，評価した結果は，ただちにその場で指導や処置に結びつけることができる。

　さらにまた，テストの場面では，生徒は受動的に，場合によってはいやいやながらやむを得ずこれに反応することもあるから，たとえば自らすすんで積極的に問題を発見するとか解釈するといったような，自発的行動性はテストでは捕捉することが困難である。観察法はこうした自発性や積極的能力をもとらえ得るという美点をもっている。

　しかし，行動観察法は偶発的に行われるので，組織的でないという欠点もあ

り，また観察者の主観に左右されやすいという重大な弱点も所有している。それらの危険を排して，正しい観察を行うためには，いろいろな注意と工夫が考慮される。それを列挙しておこう。

〔観察法使用上の注意点〕

① 人の行動は場面で規定されていて，いろいろ変化して現れる。たとえば「積極性」という行動特質は，教室勉強の場合と，スポーツをやっている場合と，清掃などの場合では異なって現れることがある。教室で積極的な生徒が運動場でははなはだ引っ込み思案になることもある。そこで，ある場面での1，2の行動をみただけで評価しては誤ることが出てくる。こういう誤りを行動見本の誤謬（sampling error）という。したがって，客観的に評価するには，いろいろ違った場面や機会でしばしば観察し，さらに保護者やほかの人々の観察資料も併せて評価するのがよい。

② 観察の主観性は，その観察目標を明確に限定しないままに，ただ漠然と行動の表面だけをながめていることに起因することが多い。そこで，たとえば，いま観察している行動は「責任感」に関するものか，「協力性」に関するものかなど，観察の目標をはっきり規定して観察しなければならない。

③ 目の前で展開されている行動の現象面だけを観察するのではなく，その行動の一連の変化やプロセスを念頭におきながらみることによって，よりいっそうその行動の意味を理解することができる。換言すれば，ある行動を，それが行われた文脈全体を通して考えるということである。こういう観察の仕方を位相観察といい，もっとも優れた観察の態度である。

④ 人前で失敗したときや，議長に推された場面など，いわゆる危機的場面では，平素は隠されてみえない人格の特質がはっきりみえることが多い。こういう場面は，よい観察の機会として逸してはならない。

Ⅱ 作品法

ノート，レポート，作文，絵画，工作，ビデオ記録など，学習活動から得られた作品そのものを評価対象とするものである。実際の活動の直接的な成果であることから，評価資料としては第一級の価値をもつ。でき上がった作品のみ

ならず，下書きや設計図，試作品などもプロセスを知るうえで重要な評価資料となる。ただ，もともと「生」の資料を使うことから，次のような点に留意しなければならない。
① 評価の観点を明確にしたうえで作品に接する。
② 単に結果としての作品だけでなく，作成過程についても念頭におき，努力や工夫も評価する。
③ 評定にあたっては，自己評価や相互評価を積極的に活用する。

昨今は共同制作や共同発表などの活動が多く取り入れられているが，これを個々の生徒の評価にフィードバックする場合，自己評価や相互評価の情報が主たる資源になってくる。いずれにせよ，作品法による教師評定を単独で使用することは避けたい。次節以降で述べる評定法やポートフォリオなどに組み込んだ評価手順を工夫する必要がある。

Ⅲ 評定法

評定法（rating method）と，次節で述べる逸話記録法とは，結局観察法・作品法の延長であり，その観察の結果の記録や組織の仕方に関係している用具である。

評定法にも各種あるが，要するにそれは観察に基づいて，ある行動特質を相対的あるいは絶対的に評定して数量的にとらえる技術である。したがって，これを教育測定のもっとも素朴な方法としてみることができる。多くは価値的基準によって評定されるが，そうでない場合もある。その長所は，観察の仕方や，観察結果の整理・記録を，あらかじめ用意されている尺度に従って組織し統制している点にある＊。

1 評定法の種類

評定法には，次に掲げるようないろいろなタイプが含まれている。

＊ 評定法は，最初，1883年にゴルトン（Galton, F.）によって用いられ，のち，キャッテル（Cattell, J.M.）によって，色の明暗度や歴史上の偉人や優れた科学者の業績の評価に用いられて，その研究と利用の道が開かれた。

(1) 記述的評定尺度（descriptive rating scale）

これは、1つ1つの行動特質について、多くは望ましさ（価値）の程度の差をつけたいくつかの段階（3段階がもっとも多い）の短文記述を用意し、個々の生徒をそのいずれかの段階に適当に位置させて評定する方法である。行動や人格特質の評価や、関心・意欲・態度、作品の評価にしばしば用いられる。

[例]
○「正方形や長方形、直角三角形の弁別ができる」（算数3年単元「長方形と正方形」の表現・処理）

A（十分満足できる）	B（おおむね満足できる）	C（努力を要する）
向きや大きさにかかわらず、正方形・長方形・直角三角形を弁別することができるとともに、向きの違うものについては、三角定規や定規を当てるなど定義に基づいて確かめることができる。	いろいろな四角形・三角形の中から向きや大きさにかかわらず、正方形・長方形・直角三角形を弁別することができる。	図形の向きが正位置にあるものは弁別できるが、そうでないものは弁別できない。

(2) 図式評定尺度（graphic rating scale）

記述評定尺度の3段階などの記述を、一直線上に配置して図式化し、直観化したものである。それは、行動の質量が一直線的に連続しているとの立場に立っている。

[例]
○どのような課題でも最後までやり遂げる

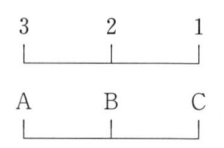

○2位数の加法計算を積極的に考えようとする

```
    3    2    1
    ├────┼────┤

    A    B    C
    ├────┼────┤
```

(3) 点数評定尺度（numerical rating scale）

記述評定や図式評定などのように具体的な文章記述を用いないで、抽象的に3，2，1などの符号でその数量的程度のみを示し、これによって品等する方法である。たとえば、「『普通の程度のもの』を2とし、『2より優れた程度のもの』を3とし、『2よりはなはだしく劣る程度のもの』を1とする」などのように、かつての指導要録や通信簿の総括的な成績評定などによく用いられた。

(4) チェックリスト (check list)

表6.1 チェックリストの例

観点＼生徒名	A	B	C	D	...
よく計画工夫する	√		√		
よく意見を述べる	√	√			
自分の責任を果たす	√		√	√	
ひとと協力する		√		√	
批判的である	√		√		

チェックリストは表6.1に例示するように，それぞれの行動特質があるかないか，それができているかいないかの2方向の基準で，それがある生徒，それができている生徒だけをチェックする方法である。逆に，できていない事項(すなわち欠点)だけをチェックする方法もある。チェックリストは，今日教師が広く活用している方法であり，利用価値が高い。

(5) 一対比較法 (paired comparison method)

図画その他の作品の評価にもっともよく妥当する。1枚1枚の作品を残るほかの全部と1つ1つ比較して，最後にその価値の序列が決まるようにする方法であって，たしかにもっとも手堅い方法ではあるが，ただ面倒という欠点をもっている。いま作品の枚数をnとすればn(n−1)／2回だけ比較しなければならなくなるが，1学級40人とすれば，それは780回になる。そこでこれを簡略化するために，次に述べる序列法や等現間隔法が用いられる。

(6) 序列法 (rank-order method)

1学級などの一定人数の集団の，ある人格特質や図画・工作・習字などの作品を，その全体価値について，まず概略の順位を定め，のち，隣どうしのものを一対比較してその序列の不適切を修正して順位を定める。もっとも一般的な評定法である。

(7) 等現間隔法 (method of equal-appearing intervals)

まず，学級の全作品中から，上中下の等距離の価値の差異をもつと思われる見本作品を5枚（または7枚とか9枚とか）選び出し，残りの作品を1枚1枚この見本に一対比較して適当に評定する方法である。

この方法を用いて，かつては図画・習字などの作品評価のための標準尺度が作製されたこともある。

2 評定法使用上の留意点

評定法が相当信頼のおける用具であることは，一般に証明されているところであるが，しかしそれは無条件にではない。以下のような多くの注意事項が守られなければならない。

① 評定しようとする目標や特質の内容をよく分析して，その概念をはっきりつかんでいると同時に，その評定尺度の各段階の程度や具体的内容を十分頭に入れてかからねばならない。

② 評定は，これまでの観察に基づいた確かな証拠（資料）によって下されねばならない。漠然とした印象で評定するのは誤りのもとである。

③ いわゆる眩量効果に引っかかることを警戒しなければならない。そのためには，評定しようとする特質を，つとめてほかの特質と切り離してそれ自体で評定することがよい。また，一時に1人の全体を評定するよりも，1つの特質ごとに学級全体を通して評定するほうがよい。

④ 眩量効果と似て非なるものに論理的誤謬（logical error）というものがある。たとえば，社会性が高い人は当然親切であるはずだと，2項目が論理的に似ているとして同一評定を行う誤りである。

⑤ 寛大または峻厳の誤謬を避けなければならない。寛大の誤謬とは，評価者が一般的に甘く評定する傾向であり，峻厳の誤謬とは，逆に辛く評定する傾向である。これを避けるために，いわば相対評価式に，各段に配当するおよその人数のパーセンテージを決めることも行われている。

⑥ 中心化傾向の誤謬（the error of central tendency）を避ける。この誤謬は，上下両端に評定することをためらって，評定を中央段階に集中させる誤りであって，自信の欠如からくることが多い。

⑦ 1人の評定者の1回だけの評定では信頼性が少ないから，何回もの評定や，また数人の評定を総合するほうが望ましい。これを選抜資料として用いる場合など，特にこの配慮が大切である。

Ⅳ 逸話記録法と面接法

1 逸話記録法

逸話記録（anecdotal record）は評定法と同様に結局観察法に基づくものではあるが，しかしそこには著しく相違する点がある。すなわち，評定法がその結果を数量的に抽象化して表すのに対し，逸話記録はその生徒を評価するのに，重要な手がかりとなるような具体的行動事例を，質的にそのまま逸話のかたちで記録して評価の資料とする方法である。

逸話記録を取ることについては次のようなことを守らねばならない。

① 逸話記録の信頼性を高めるためには，事実をなるべくありのままに客観的に記録しておかなければならない。教師の解釈を加えてもよいが，その場合は，事実の叙述と解釈とははっきり区別して書いたほうがよい。

② 教師の主観的価値観に反した行動が自然注意を引きやすく，したがって記録に取られやすい傾向がある。なるべく教師自身の見解を離れて，その生徒自身の問題として意味がある逸話を拾い，かつ記録する。

③ また，表面に現れた事件の大小だけで取り上げないで，たとえ表面上は小さい事件でも，要するにその生徒の人格からみて重要な意味をもつ行動はこれを記録したほうがよい。

2 面 接 法

評価用具としての面接法（interview）は，生徒またはその保護者などと面接し，直接に話し合いをしてその生徒評価の資料を求める技術である。それは時間はかかるが，その融通性と，詳細に問題を追究し得る徹底性と，ユニークなニュアンスまで察知できる精巧性などの点で，テストや質問紙法などのとうてい及ばない長所をもっている。

面接法の妥当する目標には別に制限がなく，人格や行動性はもちろん，学習の評価にも，身体・健康の評価にも，家庭その他の環境の調査にも広く適合している。

面接者のとるべき態度としてはいろいろな態度が考えられるが，一般的には，

面接者と被面接者の間の信頼関係（ラポート）が大切であるので，誠実で協力的な態度で臨むのがよい。そのために，初め数分間はその場の空気を和らげ，相手が楽な気持ちで自由に何でも話せるような雰囲気をつくることが大切である。そのほかの注意事項としては，

① 面接者はあらかじめ面接の目標をはっきりさせ，質問事項を決めておく。しかし，これにとらわれすぎて，面接の進行がぎこちなくなってはいけない。面接はいわゆる口頭試問ではない。やぶから棒みたいな質問や，あまり端的な質問は差し控えたほうがよい。

② 面接中，非難めいた言動，批判的な素振り，説教や訓戒がましい口調は慎まねばならない。それは，相手を警戒させて，口をつぐませる結果となりやすい。

③ 相手が大事な資料を供述したとき，その場ですぐに記録にとどめるのは，面接の自然な流れを妨げ，相手に警戒心を引き起こす危険がある。そこでは，あとの想起のためのヒントだけをちょっと記しておいて，面接の終了後，すべての資料を整理しておく。

④ 面接者は，相手についての先入観や偏見を取り除いて臨み，またその容貌・身体・服装・表情などで眩暈効果にかかることのないように自戒しなければならない。

V 自己評価

評価の対象となる者自身が評価の主体となって自分の現状を振り返り，何らかの方法でそれを記述することを自己評価と呼ぶ。これに対し，教師などからの評価を他者評価，生徒同士によるものを相互評価と呼んでいる。

自己評価は，今日では特に「総合的な学習の時間」における中心的な評価法として注目されている。また，問題解決能力や学習意欲を支えるメタ認知（meta cognition）能力を育成する観点からも重視されている。

1 自己評価の意義

生徒を主体者とする評価のうち，最重要なものは自己評価（self evaluation）

である。クック（Cook, W. W.）は，1944年の論文の中で，学習の見地からは，もっとも有効な評価は生徒の自己評価であり，次に重要な評価は教師と級友からの評価であり，学級外の第三者の評価がもっとも効果が少ないと述べている。

自己評価が特に重視される理由は以下のようなことである。
① 自己評価そのものが効果的な学習活動である。
② 他者評価に伴いやすい他律性，受動性，不安感等の弊害を免れる。
③ 教師による評価の限界と不足を補うことができる。

評価活動はともすれば教師主体（指導目的）のものととらえられがちだが，これからの教育に求められている自発性や創造性を育成するためには，主体を生徒の側に移した学習目的の評価活動こそが有効なのである。

自己評価は教科学習の評価のみならず，学校行事等の特別活動，道徳，あるいは総合的な学習の時間など教育のあらゆる場面で活用できることも大きな特長である。

2　自己評価の方法

(1)　自 己 採 点

テストを行ったあとただちに生徒自身に採点させることは，正しい学習内容の強化と誤った学習内容の消去を即時に直接行うことにつながり，教師採点よりも教育効果がきわめて高いことが知られている。

(2)　自 由 記 述

学習ノート，感想文，作文，日記・日誌，自分史などさまざまな形態のものが考えられ，実践されている。ただ，振り返って書くという作業であるため，一定の時間を要する。また，発達段階によっては書く作業そのものが難しいという欠点がある。

(3)　自己評価票（カード）

自由記述の欠点を補い，効率的かつ効果のある方法として，学校で行われる自己評価の主流となっている。通常，ワークシート形式で，目標や観点項目を示し，評定を記入したり感想や発見を自由記述したりする欄を設けたものが多い（図6.1参照）。

(4)　チェックリスト・質問紙

第2部　評価資料収集の技法

月　日（　）第　　校時		自己評価	①事前の準備が十分に…	A－B－C－D
活動内容			②課題をもって学習が…	A－B－C－D
			③意欲的に学習が……	A－B－C－D
			④新たな知識や発見が…	A－B－C－D
活用資料・器具			⑤自分の意見の発表を…	A－B－C－D
			⑥他の意見を聞くこと…	A－B－C－D
先生への質問	先生から		A：満足　B：ほぼ満足　C：やや不満　D：不満	
			次回の予定・準備	

図6.1　自己評価カードの例（北尾，1996より）

　振り返りのための項目を示した表で自分の活動を反省する，授業内容に関するアンケートを実施する，標準化された心理尺度を使って自分の状態を理解するなどがこれに含まれる。

　さまざまな方法があるが，自己評価の要諦は自分の現状を言語化して確認していくプロセスにある。したがって，自己評価能力を育てるためには，書かせる活動を継続的に行い，教師や生徒相互による他者評価を織り交ぜることによって，評価規準を内面化させる工夫が必要である。

Ⅵ　相互評価と集団の把握

　相互評価は自己評価能力育成の観点からも注目される。というのも，他者とりわけ同輩（peer）からの指摘は，自分のもつフレームや思い込みを打ち破り，自己認知の発達を促すからである。

　したがって，方法的には前節で述べたような自己評価の手法を転用することができる。たとえば，自己採点は相互採点として，自己評価カードは班の振り返りカードとするなど工夫して活用するのである。また，図6.2のような長所指摘カードや，困っている友達に助言をする「アドバイスカード」など多彩なワークシートが開発されている。

　活用場面は，作品やレポートなどの発表会の前後で行われることが多いが，

活動の節目で進歩状況に関する話し合いの場で行うことも有効とされている。

なお，相互評価が所期の効果を上げるためには，十分に人間関係が形成され，お互いを尊重するルールやマナーが一人一人に徹底されていることが必須の条件である。

ところで，相互評価に基づく技術で，より客観性の高い基準化されたものが存在する。これにはゲス・フー・テストとソシオメトリーがあり，ソシオメトリック・テストまたは社会測定的テストと総称される。しかし，近年，生徒の人間関係などへの配慮から，研究目的以外の実施は少なくなってきている。代わって，アンケートによって対人関係等を自己評価する方法が多用されるようになっている。

1 ゲス・フー・テスト

ゲス・フー・テスト（guess-who test）は，1930年ごろ，ハーツホン（Hartshone,

よいところ発見メモ

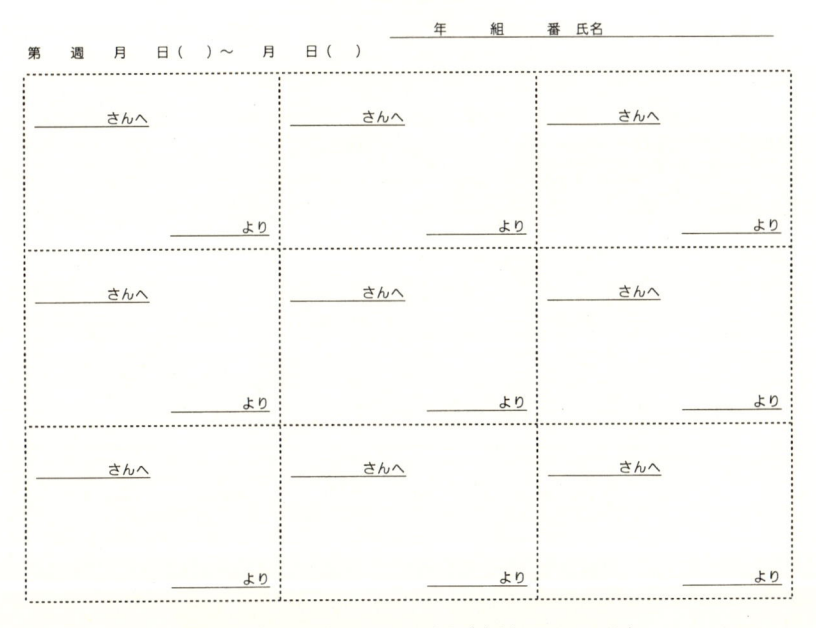

図6.2 相互評価カードの例（鹿嶋，1998より）

H.)，メイ（May, M.A.）らによって考え出されたもので，生徒の行動や特性や能力を評価するのに，その生徒を熟知している多数の仲間の所見の総合によって決める民主的技術である。その方法はある望ましい特質，または望ましくない特質をもつ者を，学級全生徒に自分の学級の中から数名選んで書かせる。そして，たとえば，望ましいほうにだれか1人から書かれているごとに+1点，望ましくないほうに書かれるごとに−1点を与え，代数和をもって得点とする方法である。生徒間の人間関係が十分に成熟していない場合は，望ましくない行動は省き，加点法のみで処理するなどの配慮が必要である。図6.3はその例である。

2　ソシオメトリー

交友測定法（ソシオメトリー，sociometry）は，前記ゲス・フー・テストに似ているが，それよりもっと簡単に，自分が共に遊びたい者，一緒に勉強したい者，隣り合って席を占めたい者等を指名させる技術である。この技術では，指名者と被指名者の関係に解釈の重点がおかれる。この方法を用いて，たとえば学級集団内の交友関係，嫌悪関係，孤立関係などの社会構造や力学を明らかにすることもできる。1934年，モレノ（Moreno, J.L.）の考案といわれる。そ

君はどこかでヒーロー　（学習発表会を盛り上げた人たち）

中学校最大の行事の1つ学習発表会が，今年も成功のうちに終了しました。舞台発表部門，展示部門ともに年々工夫を重ね，充実した発表会になっています。

さて，多くの成果をあげて終わった学習発表会を成功に導いたのは，準備，実施にあたった君たち自身です。では，だれが，どんなところで活躍したのでしょうか。係について仕事を分担した人もいれば，一人一人個人の立場で役に立った人もいますね。

学習発表会を盛り上げ成功させるのに，目立ったヒーロー，隠れたヒーローを班で話して，探して下さい。

1．わがクラスのヒーロー

目立ったヒーロー	隠れたヒーロー

2．1年生のヒーロー

目立ったヒーロー	隠れたヒーロー

3．先輩たちのヒーロー

目立ったヒーロー	隠れたヒーロー

4．僕は，こんなヒーロー（自分は今回の学習発表会で，こんな面で頑張ったというところを思い出して書いて下さい）

5．こんなヒーローになりたい（来年・再来年の学習発表会で，自分はこんな面で活躍したいと思うことを具体的に書いて下さい）

図6.3　ゲス・フー・テストの例（鹿嶋，1998より）

の調査結果によって生徒の社会関係を図示したものをソシオグラム（sociogram）という。

3　アンケートによる集団の把握

集団の状況，集団内の対人関係などについて尋ねる質問項目を用意し，評定尺度や自由記述を用いて回答させ，頻度や平均値を集計する方法が広く行われている。通常は，そのつど作成され，簡便に実施・集計できるが，データの信頼性・妥当性の点で解釈を行ううえで制約が多い。

これを発展させ，項目を厳選し，手続きに従って標準化を施した質問紙調査が作成されている。この代表例として，河村茂雄の作成したアンケート「学級満足度尺度（Q-U）」があげられる。

Q-U は，学級集団に対する認知を尋ねることによって，さきに述べたソシオメトリーと同様，集団への各メンバーの適応状況，および集団そのものの状況を明らかにすることを目的としている。これにとどまらず，構成的グループ・エンカウンターなどの介入による集団の変化を把握するためにも活用されている。

ほかにも社会的スキル尺度やスクールモラール尺度などがあり，いずれも短時間で実施でき，生徒たちへの負担が少ないことから，ソシオメトリーに代わる学級経営資料として教育現場で活用されている。

Ⅶ　ポートフォリオ

2002年教育課程から「総合的な学習の時間」が導入され，その評価を指導要録に記載することになった。これを決定した教育課程審議会答申は，総合的な学習における評価を次のように規定している。「この時間に行った学習活動及び指導の目標や内容に基づいて定めた評価の観点を記載した上で，それらの観点のうち，生徒の学習状況に顕著な事項がある場合などにその特徴を記入するなど，生徒にどのような力が身に付いたかを文章で記述する。」

このような評価を実現するにあたり，脚光を浴びたのがポートフォリオ（portfolio）である。この方法は1980年代にアメリカのガードナー（Gardner, H.）ら

が個別支援の実践に導入し，全米に広がったものといわれている。

1　ポートフォリオの定義・目的

安藤輝次による定義は以下のとおりである。「ポートフォリオは，自分が自発的に学びの伸びや変容を多面的多角的かつ長期的に評価し新たな学びに生かすために学習物等を集めたものである。」

この定義の「自分」を生徒とした場合は「子ども用ポートフォリオ」と呼び，進歩や到達点の把握と自己理解に資することを目的とする。「自分」を教師とした場合は「教師用ポートフォリオ」と呼び，主として教育プログラムや教師の力量の評価・向上に役立てる。いずれの場合も，個人のみならず班や援助チームなどの集団もポートフォリオ評価の主体となることができる。

ポートフォリオに収蔵するもの（学習物等）は，絵画・写真・録音テープ・ビデオテープ・作文・フロッピーディスク・標準検査の結果などであり，それぞれに日付を付して整理・保存する。

なお，上記定義の「伸びや変容を多面的多角的かつ長期的」なデータに基づいて，実際場面に学習成果を適用できる能力を評価することを，特に「真正の評価（authentic assessment）」と呼ぶ。

2　ポートフォリオの評価

ポートフォリオは学習した成果そのものによって構成されるため，必然的に量的な基準はなじまない。また，「伸びや変容」を示すデータが集められていることから，個人内評価と親和性が高い。

したがって，ポートフォリオによる評価活動は，あらかじめ本人（たち）もしくは教師などの支援者と相談して決めた個人目標にどの程度到達したかを評価することが基本となる。その目標基準は得点ではなく，主としてルーブリック（rubric）*によって記述される。

総合的な学習では，自ら学び自ら考える力の育成を目標としていることから，

---

*　ルーブリックは，いわゆる思考力や判断力，表現の技能，問題解決力などの高次の技能といわれる能力や技能を評価するために，アメリカで1990年代に使われはじめた。その核心は，言語表現による評価基準の説明と anchor point を示すといわれる事例集から構成される。（鈴木秀幸　指導と評価　Vol. 48-12より）

評価基準も生徒たち自身に考えさせる実践も行われている。これは自己評価能力の育成につながる。また，必要に応じて，生徒同士でポートフォリオ検討会（portfolio collaborative conference）を開く実践も行われており，これは相互評価によって自己評価を確認・修正するプロセスとして位置づけられる。

3 ポートフォリオの留意点

以上のように，ポートフォリオは構造化された観察法・評定法ということができる。しかし，それゆえ観察法などと同様の弱点をもっている。以下それを列挙する（ホーンらによる）。

① 量的な測定より信頼性が低いようにみえる。
② 従来の評価法に比して大幅に時間と手間が増える可能性がある。
③ 生徒自らが個人目標を設定することに特に初めは困難が伴う。
④ 目標や基準が具体的でない場合，単なる資料の寄せ集めになる。
⑤ データから変化を読み取ることが往々にして難しい。

今後，推薦での入学審査などへの利用が増えると思われるが，所要時間の問題もさることながら，説明責任を要求されるような場面では，複数の人間が評定した結果の一致係数を示すなどの工夫が必要となってこよう。

■引用文献
北尾倫彦編　1996　新しい評価観と学習評価　図書文化
安藤輝次　2001　ポートフォリオで総合的な学習を創る　図書文化
鹿嶋真弓　1998　肯定的自己評価を育てる　指導と評価　Vol. 44-2　図書文化
河村茂雄　1998　たのしい学校生活を送るためのQ-U実施解釈ハンドブック　図書文化

第3部

学習評価の手順と実際

第3部　学習評価の手順と実際

第7章　学習評価の手順

　教育評価の領域中，なんといってももっとも重要な領域は学習評価である。そこで，これから「学習評価の手順」と「学習評価の実際」の2つの章に分けて，学習評価のあり方，考え方，実際等について述べてみよう。

I　教育目標の分類と具体化

1　教育目標の分類

　第2章で述べたように，評価の仕事の手順の第1段階は，何を評価するか，その目標を分析・限定することであった。このことは，学習評価の領域では「教育目標（educational objectives）の分類と具体化」というきわめて重要な問題となるのである。

　いろいろな教科のいろいろな指導内容について，何か具体的な評価を実際に行うとすれば，いわゆる行動的目標といわれる具体的なかたちの目標を書き上げる必要があるのであるが，その前に，すべての目標の具体化の作業の手引となるような教育目標の一般的分類の枠組みが必要とされる。この一般的な教育目標の分類は，教育関係者相互に教育目標をコミュニケートするための共通の基盤を用意し，また，教師が目標相互の関係や個々の目標の概念を正しく理解して，一方に偏しないような具体的目標を立てる際に参考としたり，あるいは自分で立てた目標をチェックしたりする役割を果たしてくれるものでなければならない。そこで，まず，どの教科のどの内容にも共通する枠組みとしての一般的な目標の分類の仕方についてながめよう。

(1) ブルームらの目標分類

 教育目標の分類は，たとえば動植物の分類とは異なり，そこにはかなりの任意性があって，いろいろな考え方が可能である。しかし，今日までのその代表的なものは，ブルーム（Bloom, B.S.）らの分類であろう。

 ブルームらの教育目標分類の原理は，それが教育的・論理的・心理学的分類体系でなければならない，ということであった。第1は教育的考慮であって，たとえ心理学的には多少疑問があっても，教師たちが区別できてよくわかる分類でなければならないこと，第2は，それが論理的であって，各分類項目をできるだけ厳密に定義し，一貫して使用することができるということであり，第3は，それが一般的に承認されている心理学の理論とも食い違わないということであった。その分類の仕方は，まず大きく，①認知的領域（cognitive domain），②情意的領域（affective domain），③精神運動的領域（psychomotor domain）の3つに分け，そのおのおのをさらに中分類・小分類していく，きわめて階層的な分け方である。

 この中の「認知的領域」は，学習内容の再生・再認と知的な能力および知的技能の発達を取り扱うようなそうした目標を含み，そのもっとも大きな分類は，①知識，②理解，③応用，④分析，⑤総合（synthesis），⑥評価（evaluation）の6つである。このおのおのは，さらに下位目標に分けられるのであるが，ここでは，上記①知識と②理解だけについてそれを掲げておこう。なお，知識のみはこのようにさらに2段階の下位目標が示されているが，他の5つの目標では，もう1段の下位目標を示すにとどまっている。

 1.00　知　識
 1.10　具体的知識
   1.11　用語についての知識
   1.12　具体的事実についての知識
 1.20　具体的なものを取り扱う方法および手段についての知識
   1.21　慣例的に決められている方法についての知識
   1.22　傾向や方法についての知識
   （1.23～1.25は省略）
 1.30　概括や抽象についての知識
   1.31　原理や概括についての知識

  1.32　原理や構造についての知識
2.00　理　解
  2.10　翻訳（言い換え）
  2.20　解釈（内部関連の把握）
  2.30　外挿（extrapolation）（限界以上への延長・推量）

　第2の大分類である「情意的領域」は，わが国で従来，関心・態度・鑑賞などと分類されているのとはだいぶ趣を異にして，①受容，②反応，③価値づけ，④価値の組織化，⑤価値による性格化の5つに分類し，これをさらにそれぞれ下位目標に分類した。次に，その中の①受容，②反応の2つだけについての下位目標を例としてあげる。

1.00　受　容
  1.10　現象や刺激の意識
  1.20　すすんでの受容
  1.30　統制的，選択的注意
2.00　反　応
  2.10　黙認的反応
  2.20　積極的反応
  2.30　満足しての反応

　第3の「精神運動的領域」は，技能的・運動的・実技的な教育目標の領域であるが，その分類の具体例をブルームらは示さなかったので，ここでは，デイブ（Dave, R.H.）の試案によって示しておこう。この分類を貫いているのは，精神的・神経的・筋肉運動的な協応（協調）の発達であって，学習者の動作の熟達，精巧度，迅速度である。まず，①模倣，②操作，③精確，④分節化，⑤自然化（自動化）に分け，さらに2，3の下位目標に分けるのである。ここでも，初めの2つについて例示しよう。

1.0　模倣（imitation）
 1.1　衝動的模倣
 1.2　反復模倣
2.0　操作（manipulation）
 2.1　指示に従う
 2.2　選択
 2.3　固定化

(2) わが国における目標分類

わが国における教育目標の分類はどんなかたちがよいのであろうか。ブルームらもいうように，教育目標の分類の重要な価値の1つは，教師たちの間のコミュニケーションの改善にあるのであって，教師間で教育目標に関する議論がなされる場合，正しく共通の概念をもって語り合うことを援助することにある。したがって，教育目標をどう分類し，それをどういう概念語を用いて表現するかということが大きな問題となる。そう考えると，前述したブルームらの目標分類は，わが国でも大いに参考にはなるが，そこに言語上の違いがあって，アメリカにおけるのと同一共通の意味をわれわれ日本人に伝達できない悩みがある。たとえば，特にブルームらの情意領域の分析などにそれが多い。さらに，単に言語の問題だけではなく，たとえばわが国の学習指導要領や指導要録に用いられる教育目標の表し方（観点）を見てもわかるように，そもそも教育目標の考え方・分け方とその表現の仕方には，伝統的な国情の違いがあることも無視することはできない*。

戦後のわが国においても，それは学力論のかたちをとっている場合が多かったが，教育目標の分類とその概念規定に関しては，橋本重治，広岡亮蔵，倉智佐一その他の人々によって早くから取り上げられてきた。倉智は，ブルームらの3領域を初めからはっきり分けるやり方を批判して，全体を総合的にとらえる現実的分類の立場から，①興味・関心，②知識・理解，③鑑賞，④技能，⑤習慣，⑥思考，⑦判断，⑧態度の8つに分類する試案を示している。また，橋本は，以下のような分類試案を示している。

A 主として認知的な目標
　1．知識　2．理解　3．思考　4．創造　5．評価
B 主として技能的な目標
　6．技能　7．作品・表現
C 主として情意的な目標
　8．関心・興味　9．態度　10．鑑賞　11．習慣

なお，今日の指導要録の観点別学習状況欄における評価の観点には，これら

＊ ブルームらの目標分類については，アメリカにおいても批判が出されている。たとえば，認知領域でも，下位の知識・理解・応用の3つはよいが，それ以上の分類（分析・総合・評価）になるともうその階層の弁別は困難である，というような疑問である。

の目標概念が生かされており，各教科に基本的に共通するものとしては，①関心・意欲・態度，②思考・判断，③技能・表現，④知識・理解があり，音楽や美術（図工）においては鑑賞，創造（発想や構想の能力）などが取り上げられている。

2　教育目標の具体化

これまで述べてきた教育目標の分類は，どの教科のどの内容にも共通に使える目標分類であり，目標分類の枠組みにすぎないものであって，そのままで実際の評価に付することはできない。実際に評価できる目標は，たとえば社会科における「わが国のおもな食料生産物の分布」とか，算数における「２位数×２位数」の計算とか，理科における「植物の発芽」とかの具体的な内容について，その教育目標が児童の身についたかたちで表されたものである。それは，図7.1に示すような指導内容と教育目標（観点）の２次元表の各枠の中で，具体化される対象がある○のついているところに設定されるものであって，なるべく外から観察できる，学習者の行動のかたちで表された目標であることが望ましい。こういう目標を「行動目標」と呼ぶことはすでに述べた。たとえば，「理解」とか「鑑賞」という目標は単なる概念であって，みることも触れることもできないので，その目標が身についたかどうかを確認するためには，「○○を自分の言葉で言い換えることができる」とか，「美的に優れた絵とそうでない絵を見分けることができる」といった行動目標のかたちにするのである。こうしてはじめて，目標が指導と評価に操作できるようになる。

教育目標（観点）

指導内容	A	B	C	D
1	○	○		○
2	○		○	
3		○		○
4	○		○	
5	○	○		○

図7.1　目標の具体化表
（内容・目標マトリックス）

したがって，その目的からいえば，教育目標の分類は，このような具体的目標を設定するに際してのガイドラインの役割を果たすとともに，いったん設定された指導と評価のための具体的目標が偏向したり，重要な漏れがあったりしないかということをチェックするための規準としての役割を果たすものである。これに対して，ここで述べるところの教科内容に即して生徒の行動のかた

ちで具体化された目標は、これからその目標実現のための実際の指導計画を立てたり、それがどの程度実現されたかを実際に評価するための目標となるものである。たとえば、評価では、これがそのままテストの問題に仕込まれたり、観察されたりする目標である。

　教育目標を行動目標のかたちにまで具体化するには、生徒の活動を動詞（verb）を用いて記述するのがよいといわれる。単に「理解する」「鑑賞する」でなく、たとえば、「例をあげる」「区別する」「説明する」「静かに聞く」「口ずさむ」「作曲する」というようにである。

　さて、行動目標への具体化といっても、そこにはいろいろな程度がある。次に、例を示してみよう。

　　［例］　コンパスを使って、指定された半径の円をかく。
　　　a. 指定された半径の円をかくことができる。
　　　b. コンパスをうまく回して、指定された半径の円をかくことができる。
　　　c. コンパスをうまく回して、指定された半径の長さとの誤差が小さい円をかくことができる。

　aは具体化のレベルがもっとも低く、cがもっとも高いもので、bはその中間である。そして、cでは、期待される上達度まで付されている。こういう詳細な目標は、プログラム学習などでのいわゆる完全習得学習における完全習得テスト（マスタリー・テスト）を作成する場合とか、単元の指導過程で観察評定する際の評価場面に即した具体的評価目標やその判定基準を文章記述で作成する場合に用いられる。一般に、総括的評価での目標の具体化はその程度が低くてもよいが、形成的評価での目標はそれよりいっそう具体化される必要がある。ちなみに、ブルームらは、総括的評価に必要とされる程度の目標を「総括的目標（summative　objectives）」、形成的評価に必要とされるもっと詳細なものを「形成的目標（formative objectives）」と呼んでいる。

　以上、教育目標の具体化について述べたが、注意すべきことは、すべての教科内容のすべての教育目標について、かならずしもこうした具体的な行動目標を立てることはできないということである。それがもっともできやすいのは、基礎的知識・技能・理解のような目標であって、応用・創造・鑑賞というよう

第3部　学習評価の手順と実際

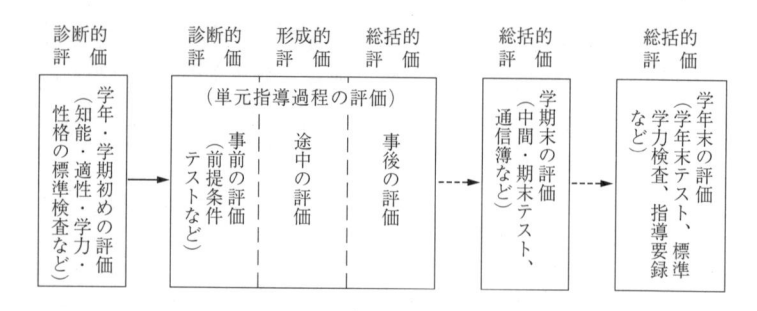

図7.2　診断的・形成的・総括的評価の年間流れ表

な発展的な目標になると，あらかじめこれを行動目標として詳細に具体化することは困難である。こういう具体化しがたい目標のことを，わが国では「方向目標」と呼んで，具体化しやすい「到達目標」と区別する考え方もある。

Ⅱ　診断的評価・形成的評価・総括的評価

　学校における，1年間の学習評価の流れを，図7.2に示しておいた。これをみてみると，さまざまな時点で，いろいろな目的の評価が行われることがわかる。学習評価は，このように実施の時期と目的によって，3種類に分けて考えていくことができる。まず第1は，ある学習に入る前に，その学習のために有効となる入力条件を調べるための「診断的評価（diagnostic evaluation）」，第2としては，学習過程の途中で，生徒の学習をうまく遂行させるために実施する「形成的評価（formative evaluation）」，第3は，一定の期間をもって実施された指導・学習の終了後に，その成果である出力情報を得るための「総括的評価（summative evaluation）」である。

　この分類は，1967年に，スクリバン（Scriven, M.）が初めて提唱したものとされている。わが国でも，その呼称は異なっているが，趣旨においてはきわめて似た分け方を，ほとんど同時期に，橋本重治・金井達蔵，續有恒が提案している*。しかし，現在では，スクリバンの分類と呼称が一般的になっているの

---

*　橋本・金井は，「短期的評価」と「長期的評価」に分け，續は，「評価」と「評定」に分けた。これらのうち，「短期的評価」と「評価」が形成的評価に相当し，「長期的評価」と「評定」が総括的評価に相当している。

で，以下，それに従うことにする。

どうして，この1960年代という時期に，そのような学習評価の分類が発表されるようになったのかというと，そこには時代的背景があると考えられる。すなわち，このころから，すべての生徒の学習を成功させるための評価として，診断的評価や形成的評価が強く要求されてきていたが，同時に，個々の生徒や学級全体についての総括的な結果の評価も，依然として重要であったので，これらを区別して，それぞれに位置と役割を与えて，学習評価を再編成する必要が生じたためと考えられる。

1　診断的評価
(1)　意義・目的

図7.2に示してあるように，診断的評価には2つの要素が含まれており，それぞれの目的が異なっている。1つは，主として学年初めや学期初めにおいて実施される評価で，各生徒や学級全体に対して，もっとも効果的な指導計画を立てるための情報を得る目的の診断的評価である。この情報は，生徒への学習指導上の必要に応じて，年間に随時，利用されるべきであろう。もう1つは，各教科の各単元の指導過程の中で，事前評価として行われるもので，その単元指導をよりよく成立させるための，生徒の前提条件等を診断する目的の評価である。前者は長期的な診断的評価であり，後者は短期的な診断的評価である。

(2)　種類と技法（評価用具）

まず，長期的な診断的評価であるが，これは個々の生徒や学級全体について，年間あるいは学期という，長期間の基本的な指導計画を策定する目的で，生徒の知能・適性・学力・性格等の入力に関する情報を集めるものである。たとえば，生徒たちの，知能に関する情報，学習意欲や学習習慣についての情報，前学年末や前学期末までにおける各教科の基礎的・基本的な学力に関する情報，性格についての情報などが該当する。これらの情報は，通常，知能検査，適性検査，学力検査，性格検査といった標準検査を実施することによって求められる。これらの教育・心理検査は，集団基準準拠評価によるものが多いが，目標基準準拠評価による標準学力検査もある。

次に，単元指導過程の中で事前評価として行われる短期的な診断的評価は，

数時間ないし10数時間の指導で終了する1つの単元の指導計画を立てる目的で，その単元指導に入るために必要とされる前提条件を診断する評価である。これについては，本章のⅢ-2「単元の事前の評価」で解説するが，評価技法としては，ふつう，教師自作テストが用いられ，目標基準準拠評価が実施される。

2 形成的評価
(1) 意義・目的

　この評価は，図7.2に示したように，単元の指導過程の途中において行われるもので，きめの細かい評価である。スクリバンがこれを提唱した当初は，カリキュラムの改善と形成をねらって，なおその変更と修正の余地のあるプログラムの展開中に行われる一種のカリキュラム評価の意味合いがあったが，現在，わが国では，指導・学習の進行中に，教師の指導や生徒の学習を改善するために行われる評価という意味に解されている。すなわち，ある内容の指導・学習過程において，個々の具体的な内容を，生徒が身につけたかどうか，また，どの程度身につけたか，さらには，どこに補充指導すべき課題を残しているかといった情報を求め，これを教師自身にフィードバックして指導を改善したり，また生徒にフィードバックして，その学習を動機づけたり，調整させたりする目的の評価のことである。このうち，生徒の学習状況について，教師が生徒に頻繁にフィードバックしてやる情報のことを KR 情報（Knowledge of Results）という。

　形成的評価の目標や内容は，その指導・学習過程で取り扱われている具体的な学習単位であって，いわゆる行動的目標であることが前提となっている。そして，ここで用いられる解釈法としては，目標基準準拠評価がもっとも有効である。また，その目標がきわめて具体化されているために，目標を実現しているかどうかが，だれにでも容易かつ信頼に足るものとして評価できるのである。

　形成的評価は，効果的な指導・学習過程の一部分であり，少なくとも，基礎的・基本的な内容に関しては，完全に身につけさせるための重要な方策となるもので，学校においても価値のある実践課題であろう。この評価についても，詳細はⅢ-3「単元の指導過程の評価」で取り扱う。

(2) 技法（評価用具）

　形成的評価の用具としては，口答法，観察・評定法，作品法，テスト，ノート点検などが利用される。この場合のテストは，形成的評価における形成的目標をテストするという意味から「形成的テスト」と呼ばれる。その形成的テストの作り方について，ここで簡単に記しておこう。

　まず，数時間の授業の範囲内で，のちの学習の基礎・基本となるような重要な学習要素について，具体的な問題を前もって用意する。その目標は，しぜん，高次の発展的な目標よりも，むしろ基礎的・基本的な知識や技能がテストされることになる。通常，形成的テストは，5～10分くらいの小テストであることからも，問題は基礎的・基本的なものに絞るのである。作問の技法としては，各種の客観テストや論文体テストがよく使われる。場合によっては，質問紙法も利用できよう。

3　総括的評価

(1)　意義・目的

　総括的評価には，図7.2に示したように，評価の対象となる期間の長さによる区別がある。単元指導の事後評価としての総括的評価は，せいぜい10時間前後の指導・学習期間の終了時に行われるもっとも短期的な総括的評価であり，中間テスト，期末テストおよび通信簿などにおける評価は，中期的な総括的評価であり，学年末の教師自作テスト，標準学力検査，指導要録などにおける評価は，1年間の学習に関する長期的な総括的評価である。

　これらの総括的評価の区別ごとに，その目的には，多少の違いがある。単元指導の終了時における総括的評価は，指導計画の効果の評価の目的や生徒の成績決定の目的のほかに，個人または学級全体においての指導・学習上の改善点を見いだして，それに対する補充指導をするための診断的評価の目的も同時にもっている。一方，学期末評価や学年末評価での総括的評価になると，指導法の反省やカリキュラムの改善という目的も存在するが，通信簿や指導要録記入のために，生徒の成績の資料を収集するという目的がいっそう大きくなってくる。また，一時的な記憶によるものではなく，永続的に残って定着した学力や獲得した知識・理解・技能などが長期にわたって統合された総合的な学力，た

とえば思考力・応用力・表現力等は，形成的評価や単元末における総括的評価では評価することが難しい。ここに生徒の成績評価やカリキュラム評価法としての長期的な総括的評価の独自の意義が存在するのである。

総括的評価における結果の解釈法についてであるが，形成的評価においてはもっぱら目標（基準）準拠評価が使われるのに対して，総括的評価においては目標準拠評価と集団（基準）準拠評価（相対的評価）の両方の活用が考えられる。指導要録の改訂に伴い，目標準拠評価が学習評価の基本と位置づけられることとなり，観点別学習状況の評価ばかりでなく，総合評定も目標準拠評価によることとなった。すでに述べたように，信頼性・客観性の確保がこれからの大きな課題となる。目標準拠評価は基礎的・基本的な教育目標の評価には適しているとしても，長期的な総括的評価でみたいところの発展的・応用的な目標を含む総合的な学力の評価にはかならずしも適していない。それらは，間接的にではあっても，集団準拠評価によって個人差としてとらえるほうが容易で信頼に足る評価ができる。指導要録においても，「総合所見及び指導上参考となる諸事項」欄では，こうした相対評価情報を記入できることとなっているので工夫したい。なお，カリキュラムの改善や指導法の反省の目的であれば，目標準拠評価が直接的で適している。

(2) 技法（評価用具）

形成的テストの問題は，細かく具体化された基礎的・基本的な目標について作問される必要があるが，総括的評価における総括的テストでの目標は，形成的テストほどには細分化されていない目標でもよい。また，この場合は，指導した内容のすべてに，もれなく該当する問題を用意することは困難であるので，一定の基準で選択しながら作問することになる。その基準となる観点としては，次の①～③のようなものが考えられる。また，ここでは，客観テスト，論文体テスト，質問紙，問題場面テストなどが利用される。

① その期間の指導でもっとも重要とされる知識・理解・技能
② その期間全体を通じて総合的に培われたと考えられる概括力，批判力，思考力・応用力・態度など
③ 今後の指導において，前提的な基礎学力となるようなもの

表7.1 診断的評価・形成的評価・総括的評価の比較

	診断的評価	形成的評価	総括的評価
評価の目的	・基礎技能や既習レベルの確認 ・学習困難の診断 ・その他の能力，適性等の入力の確認	・基礎的事項の習得の診断 ・教師と生徒への即時的フィードバック ・軌道修正・補充指導	・カリキュラム・指導法の効果の反省と改善 ・成績の決定と記録・通知
解釈の方法	・相対評価と絶対評価	絶対評価中心	絶対評価中心で相対評価も使用
評価の用具	・観察　・口答法 ・教師自作テスト ・標準学力検査 ・知能その他の心理検査	・観察　・口答法 ・教師自作テスト ・作品法　・ノート ・アンサー・チェッカーなど	・教師自作テスト ・標準学力検査

以上説明してきた診断的評価，形成的評価，総括的評価を一覧表にして示せば，上の表7.1のようになる。

Ⅲ　学習評価の一般的手順

次に，これまで述べてきた学習評価の基本的な考え方や手続きをふまえて，実際の1年間の学習評価がどのような流れで行われるのかを考えてみたい。具体的には，単元指導過程の評価はどのように行ったらよいのか，また，観点別学習状況の評定やそれを総合するかたちでの「評定」はどのように導き出したらよいのか，今日，学校が直面している目標準拠評価による学習評価の一般的な手順といったものをみてみよう。

1　単元の評価規準，指導・評価計画の作成

(1)　単元の評価規準の作成

図7.3は，「観点別評価の一般的手順」として教育目標の分析（「評価規準の

第3部 学習評価の手順と実際

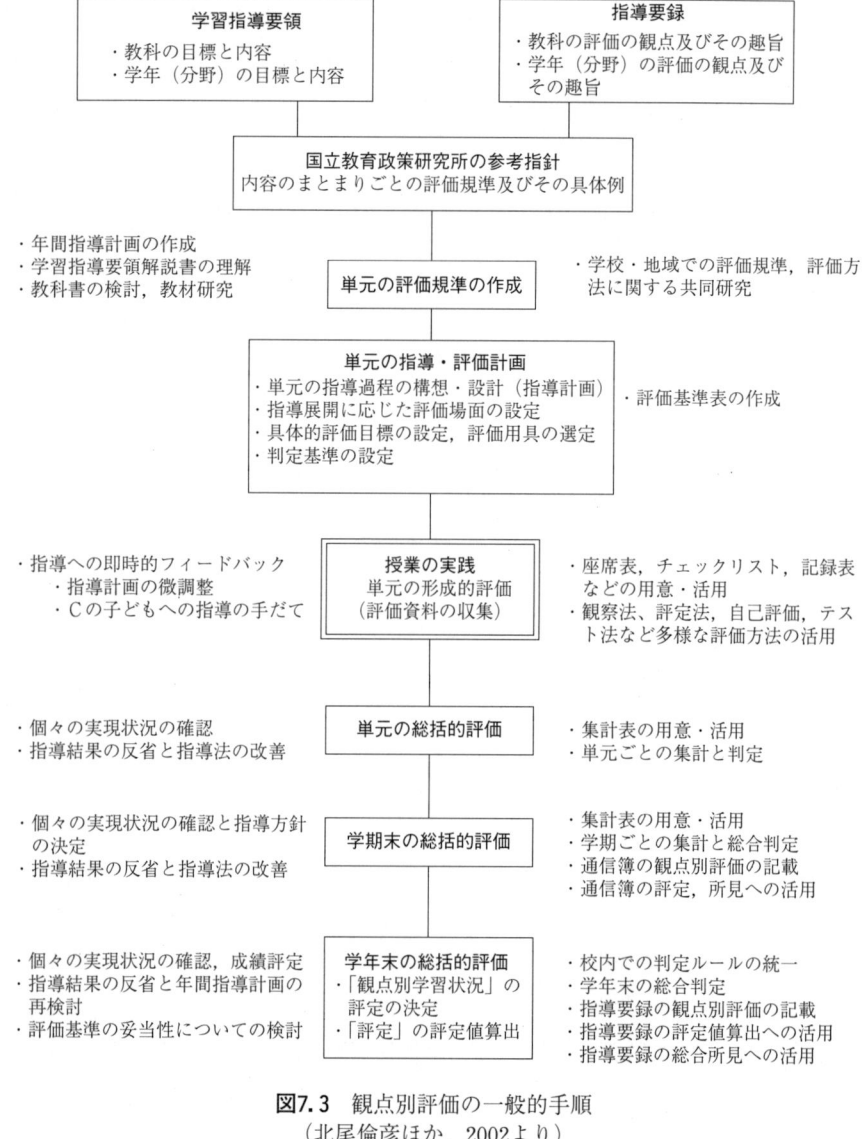

学習指導要領
・教科の目標と内容
・学年(分野)の目標と内容

指導要録
・教科の評価の観点及びその趣旨
・学年(分野)の評価の観点及びその趣旨

↓

国立教育政策研究所の参考指針
内容のまとまりごとの評価規準及びその具体例

↓

左側:
・年間指導計画の作成
・学習指導要領解説書の理解
・教科書の検討,教材研究

単元の評価規準の作成

右側:
・学校・地域での評価規準,評価方法に関する共同研究

↓

単元の指導・評価計画
・単元の指導過程の構想・設計(指導計画)
・指導展開に応じた評価場面の設定
・具体的評価目標の設定,評価用具の選定
・判定基準の設定

右側:
・評価基準表の作成

↓

左側:
・指導への即時的フィードバック
　・指導計画の微調整
　・Cの子どもへの指導の手だて

授業の実践
単元の形成的評価
(評価資料の収集)

右側:
・座席表,チェックリスト,記録表などの用意・活用
・観察法,評定法,自己評価,テスト法など多様な評価方法の活用

↓

左側:
・個々の実現状況の確認
・指導結果の反省と指導法の改善

単元の総括的評価

右側:
・集計表の用意・活用
・単元ごとの集計と判定

↓

左側:
・個々の実現状況の確認と指導方針の決定
・指導結果の反省と指導法の改善

学期末の総括的評価

右側:
・集計表の用意・活用
・学期ごとの集計と総合判定
・通信簿の観点別評価の記載
・通信簿の評定,所見への活用

↓

左側:
・個々の実現状況の確認,成績評定
・指導結果の反省と年間指導計画の再検討
・評価基準の妥当性についての検討

学年末の総括的評価
・「観点別学習状況」の評定の決定
・「評定」の評定値算出

右側:
・校内での判定ルールの統一
・学年末の総合判定
・指導要録の観点別評価の記載
・指導要録の評定値算出への活用
・指導要録の総合所見への活用

図7.3 観点別評価の一般的手順
(北尾倫彦ほか,2002より)

作成」)から学年末の総括的評価までの流れの概略を示したものである。この図では,「単元の評価規準の作成」から始まっているが,これは目標の分析・具体化の手続きをわかりやすく強調したものであり,実際にはこの前段に,すでに述べた学年当初の長期的な診断的評価と年間指導計画の作成という手順が入る。教育・心理検査等の活用による診断的な評価に基づき,学校・学年・学級の傾向や課題,指導の重点を把握して年間の指導計画を策定する。

　こうしたカリキュラムが前提となって,それぞれの単元の評価規準(観点別の評価目標)を作成する必要がある。まず単元の評価規準を作成するのは,実際の学習指導が単元を単位として行われるからである。この作業は,従来,学習指導要領に示された教科や学年の目標・内容,指導要録における評価の観点及びその趣旨を検討して,すでに述べた教育目標の分類と具体化の手続きに従って行われてきたが,現在は国立教育政策研究所が「内容のまとまりごとの評価規準及びその具体例」を公表しているので,それを参照することができる。この「内容のまとまり」は,多くの教科では単元よりも大きな単位となっているので,単元のレベルにまとめ直す必要があるが,「その具体例」として示された評価規準は単元レベルの評価規準として使える程度に具体化されている。

　単元の評価規準は,あまりにも細分して数多くリストアップすると,単元の目標構造といったものがとらえにくくなったり,煩雑なチェックに陥る要因ともなる。単元の大きさにもよるが,各観点について1～3個程度でまとめるのが現実的であろう。次ページにその一例を示す(表7.2)。

(2)　指導・評価計画の作成

　次に,単元の指導・評価計画を作成する。従来から単元の指導計画は作成されてきたが,この指導計画の中に,単元の指導展開に応じて,どの場面で,どの評価規準を,どのような評価用具で評価するかということを位置づけるのである。ただし,細密な計画を立てようと考えるのは現実的ではない。単元の評価規準が単元学習の全体を通して位置づけられているかどうかを確認できればよいのである。評価規準も全文で記述する代わりに目標番号で記入するなどの工夫も考えられる。また,1単位時間にあまり多くの評価規準をみるような計画では指導の流れを損なうであろう。その時間の指導の重点を考えて絞り,単元学習の全体を通じて4観点がむらなくみられればよい(次ページ表7.3)。

表7.2 単元の評価規準

数学への関心・意欲・態度	数学的な見方や考え方	数学的な表現・処理	数量，図形などについての知識・理解
①数量やその関係・法則を一般的に表現するために，文字を用いて考えることの必要性やよさに関心をもち，文字を用いた式で表したり，式の意味を読み取ったりしようとする。 ②文字に値を代入して，式の値を求めようとする。	①事象の中にある数量やその関係・法則を文字を用いて表現し，一般的に考えることができる。 ②式から数量を読み取ることができる。 ③文字は数の代わりであることがわかり，式を1つの数としてとらえることができる。 ④文字を書くときの約束の便利さがわかる。	①事象の中にある数量やその関係・法則を文字を用いて式に表したり，式の意味を読み取ったりすることができる。 ②文字に値を代入することで，文字を用いた式を具体的な事象に適用することができる。	①文字を用いることで数量やその関係・法則を一般的に表現したり，式からその意味を読み取ったりすることができることを理解する。 ②文字を使った式は，計算の仕方やその答えを表していることがわかる。 ③式の値の意味がわかる。

表7.3 単元の指導・評価計画

時	おもな学習内容	関心・意欲・態度	見方や考え方	表現・処理	知識・理解
1	文字を使った式 ア．数の代わりに文字を用いて表す。 イ．文字式の意味。 ウ．いろいろな数量を文字で表す。	①いろいろな数量を文字を使って一般的かつ簡潔に表そうとする。（行動観察）	①いろいろな数量を文字を使った式によって一般的に表し，そのよさについて考察する。（発言・ノート）		①文字を用いることで数量やその関係・法則が一般的に表現できることを理解する。（発言・ノート）
2	式の表し方 ア．文字式の積の表し方の約束。 イ．累乗の式の表し方の約束。		④文字の式を表すときの約束の便利さを考察することができる。（発言・ノート）		③文字の式を表すときの約束を理解し，いろいろな場面で活用することができる。（発言・ノート）

なお，単元の評価規準は，実際の指導の中で場面に即して評価するには，評価場面の活動の要素を入れて表現をさらに具体的にしておくとよい。また，単元の指導過程の評価を観察評定を中心に行うのであれば，評価規準（目標）に対する文章記述の評定尺度によるABCの判定基準を事前に用意しておく必要がある。この判定基準の作成には経験をふまえた検証が必要であり，学校として合意が得られるものに常に改訂していくことが大切である。次ページにその1例を示す（表7.4）。

表7.4　ABCの判定基準

観点	具体的評価目標	「十分満足できる」(A)	「おおむね満足できる」(B)
数学的な見方や考え方	①いろいろな数量を文字を使った式によって一般的に表し、そのよさについて考察する。	・必要に応じて数を文字に置き換えればいろいろな数量が文字を使った式で一般的に表せることに気づき、一般的に表せることの必要性やよさをわかりやすく説明することができる。	・式をつくりながら、必要に応じて数を文字に置き換えれば、いろいろな数量が文字を使った式で一般的に表せることに気づいている。
	②式から数量を読み取ることができる。	・いろいろな文字式の意味を正しく読み取ることができる。	・教科書などの例をもとに簡単な文字式の意味を読み取ることができる。

2　単元の事前の評価(診断的評価)

(1)　前提条件テスト

　形成的評価が重視されるにつれて忘れられがちであるが、単元の指導と評価においても、次に述べるような診断的評価は必要である。すべての単元についてということではないが、節目となるような単元をこれから取り扱うとすれば、生徒が、この単元の指導を受けるのにふさわしい準備状態になっているかを調べ、そのうえでどのように指導するかという指導計画を決定するのが望ましい。

　生徒が指導を受けるにあたっての準備状態を確認するには、まず、その単元指導における指導内容について、期待される指導目標を具体的に書き出し(評価規準の作成)、生徒たちがそれらの目標を実現するのに必要な、次のような入力条件をもっているかどうかを診断的に評価してみる方法がある。

　①　その単元学習の前提条件(prerequisite)となる既習の知識・理解・技能
　②　その単元学習に成功するための背景となるような経験・興味・関心

　この目的で作られるテストを「前提条件テスト」という。「前提条件」という用語の代わりに、「レディネス」という用語を使ってもよく、要するに、このテストは、新しい単元の学習に入る生徒の準備状態を診断するものである。この結果がよくなかった生徒は、新しい単元の学習に進んでも、思ったような成果が上げられない可能性が高いことを意味する。したがって、このテストにおいて、もし、ある生徒に前提条件が整っていないことが発見された場合は、その単元の学習を開始する前に、必ず、その前提条件を補うための指導を先行させる必要があることを忘れてはならない。そのような生徒を見いだし、先行

指導をして，すべての生徒を同一の出発点に立たせてから指導・学習を行うというのが，前提条件テストによる診断的評価の目的である。

前提条件，あるいは，レディネスと表現されているものの中で，もっとも重要なものは，なんといっても，学習内容（あるいは目標）に関するものである。特に，算数・数学などにおいては，学習の内容・目標には系列性があり，Aを学習しなければBに進めないし，Bを身につけなければCは学習できないといった関係がある。ここでは，AはBの学習にとっての前提条件であり，BはCの学習の前提条件である。このような前提条件をテストするのが，前提条件テストである。

(2) 事前テスト

前提条件テストが，これからの新しい学習の前提となる知識・理解・技能などを，既習の内容をもってテストするものであるのに対して，事前テストは，学習が終了したのちに行われるテストと同一または類似のテストを事前に実施するものである。

事前テストのおもな目的は，単元指導計画の立案にある。すなわち，生徒が，事前テストの結果で，教師の予想以上に目標を実現していることがわかれば，指導計画の質を高め，反対に，思ったよりも結果がよくなかった場合は，指導計画を修正してもっと程度を下げたり，指導のステップを細かくしなければならない。このように，指導計画の決定のためのデータにするのである。

事前テストのもう1つの目的は，事後テストを同じか類似の問題で実施することにより，事前テストと事後テストの結果を比較し，学習成果の状況を確かめたり，教師が指導の成果を振り返ったり，今後の指導計画や指導法の改善の資料とする，といった研究目的の利用である。

このように，前提条件テストと事前テストは，ともに指導・学習の開始前に行われるものであるから，これらのテストは問題を区別しながら同時に実施して，結果の解釈と利用を別々にすればそれでよいわけである。また，実際には，事前テストはそれほど頻繁に行うこともないであろうし，前提条件テストに比べれば，その重要性はそれほどには高くない。

このような事前の評価の情報に基づいて，最初に立てた単元指導計画の素案を修正し，単元の指導計画として決定し，実行していくのである。

3 単元の指導過程の評価（形成的評価）

そして，いよいよ，単元の指導計画に基づいた指導実践に入っていく。この指導過程における途中の評価は，指導・学習の1こま1こまの進行につれて，指導と評価が一体となって進められるものであって，教師の指導と生徒の学習をきめ細かに調整するという意味において，あらゆる評価の中でもっとも重要で基本的なものである。

ここでの評価こそがいわゆる形成的評価である。観点別評価というと，ややもすると目標実現の状況を客観的に判定することばかりに注意が向きがちであるが，形成的評価本来のねらいは即時的なフィードバックによって評価結果を指導に生かすことにある。具体的な評価目標を実現したかどうかを評価して，理想をいえば知識・理解・技能などの基礎的・基本的な目標については，それを完全習得*するまで，教材と指導法を変えながら指導と評価を繰り返すのである。この場合，その指導・学習目標を実現した生徒群と，まだ実現していない生徒群に分け，前者には発展・深化課程を課し，後者には補充課程を課して，能力に応じて進ませるなどの方法が考えられる。

以上のようにして，具体的な1つ1つの学習単位や要素についての評価から得た情報をもとに，教師は，教材の選び方や指導法を調整し修正していくのである。また，形成的評価から得られた情報は，生徒に対してもフィードバックして，自分の学習の状況を確認させ，もっと学習が必要とされる内容・目標を知らせ，正しく学習しているものは強化し，誤って学習しているところはこれを消去させたりして，きめ細かにその学習を調整し，改善させるのである。そのために，教師は，授業中，つとめてその学習の成果についての知識，すなわちKR情報を生徒たちに付与するようにし，その自己評価を促進しなければならない。

次に，形成的評価の方法であるが，一人一人の生徒について個々の評価目標の実現状況を判断していくには，何らかの評価技法（用具）を使って判断の根拠とすべき評価資料を収集する必要がある。その技法には，「口答法」「観察法」

＊ 完全習得学習（mastery learning）は，1963年に，キャロル（Carroll, J.A.）が提唱したもので，目標を具体化し，各生徒の個人差に応じた教材と方法を選び，十分な学習時間を与え，形成的評価を活用すれば，少なくとも基本的な学習内容については，95％以上の生徒に，習得させることができるとする。

「作品法」「評定法」「自己評価法・相互評価法」「テスト法」「ポートフォリオ法」といった方法があるが，それらについては，第4～6章で解説した。

各観点から生徒の学習状況をとらえるとなれば，それぞれの観点に適した多様な評価技法を用いなければならないが，各観点に適合する評価用具の利用といった視点からの検討については，基本的には次の第8章を参照されたい。

ここでは，代表的な形成的評価の用具についてだけふれておこう。

(1) 口　答　法

授業の評価技術として，もっとも古く，もっとも便利な方法である。以下のような注意が必要である。

① 教師は，評価しようとする具体的な目標をはっきりと意識して発問し，かつ，生徒が何について答えればよいかが明確にわかるようにその言い回しを適切にする。

② もっとも大切なことは，だれかに指名して答えさせるまでのタイミングである。その質問の目的にもよるが，一般には，よくできる生徒が即座に手を挙げたからといってただちにその生徒に答えさせるのではなく，クラスの全部の生徒が答えを考えて，自分がわかっているかどうかを確認するまで待つのがよい。

③ 場合によっては，教師の質問に対して，ひとまず生徒全員に答えをノートに筆答させ，その後1，2の生徒に指名して答えさせ，生徒の筆答の合否を挙手によって調べてみるのもよい。

(2) 形成的テスト

1～3時間程度の授業内容のうち，基本的事項についてテストする*。ふつう，5～10分程度の小テストであって，問題の数も5問前後の少ないものになる。採点は，その場で正答を示して生徒自身に行わせるのもよい。

(3) アンサー・チェッカー

アンサー・チェッカーの機器そのものが使用されることは少ないと思われる

---

* 形成的テストの望ましい回数については，これまでいろいろな実験が行われている。そして一般的には，比較的多めに行うほうが生徒の成績を高めるとの結論に達している。そして，回数多くテストを行うことの動機づけや激励効果は，能力の高い生徒に対してよりも能力の低い生徒に，また高学年よりも低学年において高いということを暗示するような実験結果もしばしば求められている。

が，代用品として自作した三角柱などを机の上に置いて，授業の途中で，教師の質問に対する生徒の応答を即時に求める工夫などは行われていよう。教師はこれに応じて，生徒のいわゆる KR 情報を提示したり，指導の調整をしたりすることができる。

(4) 文章記述評定尺度による観察評定

最近では，それぞれの具体的評価目標の実現の状況を生徒の姿で記述した文章記述の評定尺度（A，B，Cの3段階）を用意して，その評定尺度を判定基準として観察評定する方法が広く用いられている。この方法は，①関心・意欲・態度や思考・判断，さらには理科における実験・観察の技能といった，観察法が多く用いられるような観点の目標をみる場合に適しており，②行動観察に限らず，作品やノート，発言，発表の様子なども評価対象に含めて評定することができるので，文章記述の内容が適切で評定が正確に行えるのであれば，利用範囲が広く，有効なものとなろう。

その文章記述の要点は，その評定尺度を使ったときにだれもが同じく判定できるように，「こうであればB（A）」と確かにいえる観察可能な生徒の行動や姿で具体的に示すことである。経験豊かな教師たちがお互いに経験をもち寄って，改善・開発していくことが期待される。

4　単元の事後の評価（総括的評価）

(1) 事後テスト

単元指導後の評価は必ず実施する必要があるというものではないが，実施する場合には，ふつう，テスト法による。ここでのテストを「事後テスト（post test）」とか，終末テストと呼ぶ。その目的とするところは，①個人として，または，学級全体として，補充指導を必要とするかどうかを見きわめる，②単元指導計画の改善に利用する，③生徒の成績の資料の収集である。テストされる内容は，次のようなものである。

① その単元指導で，重要とされた知識・理解・技能
② その単元の学習過程で総合的に培われたと考えられる応用力・思考力・関心・態度
③ 今後の新しい単元学習に対して，基礎的・前提的学力となるもの

(2) 単元指導の効果を測定する方法

これはさらに研究目的であって、学習評価の一般的手順と考える必要はない。このいちばん単純な方法は、事後テストの結果だけで判断する場合で、たとえば、これらの問題内容なら、学級全体の平均得点率が80％以上あれば、その単元指導は成功、それ未満であれば不十分と評価するのである。この基準は、学年、目標・内容の種類によって一概にはいえない。

しかし、この方法では、その単元指導を開始する前の生徒についての入力情報が不明であるから、正確な授業効果の評価はできない。そこで、さきに事前テストのところでも述べたように、共通の事前テストと事後テストを実施し、その結果から効果指数を求めて判断する方法がある。このとき、同一テストでなく類似のテストを用いる場合は、可能なかぎり難易度を近づけて作成することが大切である。事前テストでの平均得点率を小数にしたものをa、事後テストでの平均得点率を小数にしたものをbとした場合、効果指数は、以下の公式で得られる。

$$効果指数 = \frac{b-a}{1-a} \times 100$$

この結果があまりにも低ければ、補充指導が必要になる。しかし、この効果指数は、あくまでも、参考程度に取り扱うのがよいであろう。

なお、単元指導・学習過程での評価においては、事後テスト実施の数週間後に、「把持テスト（retention test）」を試みて、単元指導・学習の成果の定着度を調べてみることもあると付言しておく。

5　単元末，学期末，学年末の総括と評定

学期末なり学年末に、生徒の成績なり学習状況が結局どうであったか、それを生徒や保護者に知らせる目的で、3段階なり5段階の何らかの表示で端的に示すものが「評定」である。指導要録の「評定」欄の5，4，3，2，1（小学校では3，2，1）も評定であるが、「観点別学習状況」欄で付けるA，B，Cも評定である。以下では、評定の付け方について考えてみたい。

(1) 単元末の観点別学習状況の総括

本来的には、単元ごとに評定する必要はなく、単元レベルでの評価はもっぱ

ら形成的評価として指導に生かせばそれでよいのである。むしろ，単元途中でCと判定される目標・内容があれば，その回復指導に努め，単元末では少なくともBとなるように努めるのが，指導と評価の本来的な考え方である。ただし，便宜的に単元末においても，各観点ごとの評定を付けておくことが考えられる。それは，学期末・学年末に評定する際に，その資料とするためである。学期末の評定では，中学校であれば，中間・期末のテスト結果を加味するであろうが，観点によってはテストにはなじまないものもあるので，日常の評価資料を中心とせざるを得ない。それらをふまえた単元の観点別の評定結果があれば，それを使うことができる。

そこで，単元の評定の出し方であるが，たとえば，ある単元の1観点において評価した評価目標が3つあったとする。その判定結果がBAAというかたちであればA，また，判定結果がABBであればBというように，3つの中でいちばん多い判定結果をその単元の判定として採用するのである。評価目標が偶数で，AとBが同数であった場合や評価目標が奇数であってもABCとなった場合には，目標の重要さをみて重要度が高いほうを採用するようにする（ABCが同レベルの総括では，中間のBを採用する）。

(2) 学期末，学年末の観点別学習状況の総括と評定

この時点での総括のあり方としては，学期間または学年間に指導した題材の判定結果がどうであったかを調査して，その判定結果を生かして総括することになるが，考え方は，単元末における総括の場合と同様である。

たとえば，学期中に指導した単元が3つあって，ある観点の評定がAABであればAというように，いちばん多い判定を採用する。また，同数になった場合には，指導時間の長い単元や重点をおいた単元の判定を優先させて採用するといった総括の仕方が考えられる。また，系統性の高い教科においては，学期末に近い単元における学習状況を重視するといった考え方もあり得よう。

(3) 観点別評価から「評定」への総括

これについては，2とおりの方法が考えられる。1つは，観点別学習状況の評定（ABC）のみを用いて評定へ総括する方法であり，もう1つは，もとの評価資料から直接評定へ総括する方法である。

後者の，もとの資料から，直接，評定へ総括する方法は，年間の評価目標に

ついて，全体を見渡し，観点間のバランスをとって重要目標を取り出して，それらの目標の達成率がどうであったかを確認し，評定値を求めていくものである。たとえば，小学校で，それらの達成率が80％以上であれば3，60％以上～80％未満であれば2，60％未満であれば1というようにである。

ここでは，観点別評価の結果を生かして評定値を導く立場を重視して，前者の方法を取り上げて説明するが，これについても2とおりの考え方がある。

1つの考え方は，観点別の評定結果A，B，Cの出現パターンに応じて評定値（3，2，1ないし5，4，3，2，1）を決定する方法である。この方法は，あらかじめ基準さえ決めておけば，比較的簡単に総括が得られるものである。

もう1つの考え方は，観点別評価の評定値（A，B，C）を一種の間隔尺度とみなし，得点化して総括の評定値を算出するものである。たとえば，A＝3点，B＝2点，C＝1点として，全観点の平均値を出すという方法であり，五捨六入の考えで，平均値が2.6以上を「3」，1.6以上2.6未満を「2」，1.6未満を「1」というように決める（中学校の5段階評定では，A＝5点，B＝3点，C＝1点と

	数学への関心・意欲・態度	数学的な見方・考え方	数学的な表現・処理	数量，図形などについての知識・理解
（1）単元末の総括 ……	A	B	B	A

＊ある観点の評価目標が3つでAABであればAというように，最も多い判定を採用する。評価目標が4つで，AABBのように同数であれば，重要な評価目標の判定を採用する。

（2）学期末の総括 ……	B	A	B	A

＊学期中の各単元の判定（A，B，C）をもとに，（1）と同様の考え方で，最も多い判定を採用する。ここでは，同数であれば，指導時間の長い大きな単元の判定を採用する。

（3）学年末の総括 ……	A	A	B	B

＊学期ごとのA，B，Cの出現パターンに応じて判定する。

（4）各観点の重みづけの案

第1案 ……	0.25	0.25	0.25	0.25
第2案 ……	0.30	0.30	0.20	0.20
第3案 ……	0.20	0.20	0.30	0.30
第4案 ……	0.20	0.30	0.30	0.20

（5）第4案に基づく換算点と評定

＊中学校では，5段階評定に換算しやすいよう，A＝5点，B＝3点，C＝1点とし，各観点の重みをかけ，合計する。

$5 \times 0.20 + 5 \times 0.30 + 3 \times 0.30 + 3 \times 0.20 = 4.00$ （4観点の合計） → 評定：「4」

図7.4 評定の導き方の例
（北尾倫彦ほか，前掲書より）

して計算する)。この方法を使えば，それぞれの観点に重みづけをする操作も比較的容易にできる。

　図7.4は，評定の導き方の1試案を示したものである。この例は，中学校の数学において，学期末や学年末の時点で観点別に総括された結果を，観点ごとの重みを考慮しながら評定に導いていく例である。

　ここで，A~Cの判定は，Bといっても，Aに近いものからCに近いものまで幅があり，その幅をBという判定にまとめているわけで，これを得点化しても1つの代表値にするだけで微妙な差は反映されない。したがって，すべてがCに近いBでのBBBBより，AやBに近いBやCでのBBBCのほうが優れていることもある点に留意したい。

■引用文献
北尾倫彦ほか編　2002　新・評価基準表　図書文化

第3部 学習評価の手順と実際

第8章 学習評価の実際

　これまで，学習の評価として，目標分析の問題，診断・形成・総括評価の問題，あるいは絶対評価・相対評価の問題など，どちらかといえば総論的な問題を取り扱い，続く単元の指導過程の評価ではだいぶ具体化してきたが，次にたどり着くべき各論的テーマは，各教育目標別（学力別）にはどう評価するかということである。教師の学習評価で，最後に，いやむしろ実務上は最初に直面するのはこの仕事である。

I 観点別評価の原理と方法

　各目標別の評価の方法は，当然それぞれの観点（目標）の構造と性格によって規定されるので，以下，簡単にでも各学力（目標）の概念や構造についてふれて，しかるのちにその評価の方法を論じよう。それからまた，目標別の評価の方法を考えるには，それぞれの目標にどんな評価の用具が妥当しているかを見分けることがもっとも大切な要点となる。そこで，初めに教育目標と評価用具の概略の妥当関係表を以下のガイドラインとして掲げておこう。表8.1がそれである。

1　知識・理解の評価法
(1)　知識の評価法
　知識と理解は密接な関連をもち，発生的にどちらが先でどちらが後とは簡単にはいいがたい。ふつう，ブルームらの認知的目標の分類では層序的には知識を低次，理解を高次の目標としているが，しかし教育の方法論からは，知識は理解した後に残される結果や所産として考えるほうがより重要ともいえる。

第8章　学習評価の実際

表8.1　教育目標と評価用具の妥当関係表

観　点	目　　標	妥当する主要な用具
知識・理解	知　識	単純再生法・選択法・組合せ法, 選択組合せ法・真偽法・訂正法等の客観テスト, 論文体テスト
	理　解	論文体テスト, 客観テスト（特に選択法, 組合せ法, 選択組合せ法, 完成法）, 面接法
思考・判断	思考・判断	問題場面テスト（論文体および客観テスト）
	創造力	
鑑　賞	美術作品・音楽	チェックリスト, 評定法, 質問紙法
技能・表現	読む・話す・聞く	各種客観テスト
	書く・計算・資料活用	チェックリスト, 評定尺度, 各種客観テスト
	作品表現・実験・運動	チェックリスト, 評定尺度, 等現間隔法
関心・意欲・態度	興味・関心・意欲	チェックリスト, 評定尺度, 質問紙法, 自己評価
	学習習慣・態度	チェックリスト, 評定尺度, 質問紙法, 自己評価
	価値観・意見	質問紙法, 論文体テスト

　しかしながら，知識は，単にこれを理解面からのみみて終わることはできない。他面，その記憶面に注目しないわけにはいかない。心理学的に知識を説明するとすれば，どうしてもそこに記憶とか，観念とか，把握とか，再生とかの概念を抜きにはできないのである。記憶痕跡の強固さとか，把握の明瞭さとか，再生の容易さや正確さが問題とされなければならない。知識である以上，ただ理解されているという条件だけにとどまらないで，理解されたものが観念として記憶（把握）され，必要に応じていつでも再生され，利用され得なければならない。

　こうして，知識は，理解されているということと，記憶されているということの二面的構造体であるということができる。

　そして，大切なことは，この知識の理解面と記憶面の2つの面の組み合わせのウェイトや濃淡は，個々の知識によって一様ではないということである。どちらかといえば理解の契機が重くて記憶の契機が軽い知識もあれば，逆に，むしろ記憶の契機に重点がかかっていて理解の契機は軽い知識もあろう。あるいはまた，理解と記憶の間に濃淡の差をつけがたい知識もあるであろう。これらのことは，知識の種類によって異なるわけである。

こういう見地から知識を分類してみることは，知識のテストにとっては１つの基礎を提供してくれる。知識は，比較的断片的・要素的であって，どちらかといえば記憶的要素のまさった知識から，しだいにその複雑さと連関性と抽象性を高めて理解面のまさった知識へと区別することができよう。こういう考え方に立って，知識を以下のように分類することにする。
　① 記号的・事実的知識
　② 方法や手段についての知識
　③ 関係的・概括的知識
　したがって，知識および一部の技能の評価の用具としては，その妥当性・信頼性からいって，各種様式の客観テストがもっとも優れているといえる。知識の中でも，ことに，ぜひ記憶させて，想起自在にしておく必要のある，いわゆる基礎的知識のテストのためならば，客観テストの中でも，さらに，再生法のような再生形式のテストがもっとも妥当しているのであって，選択法のような再認形式のテストは，一般的にはその妥当性がいくぶん低下しよう。また，論文体テストも知識の評価用具としては妥当する。ことに，上記分類中の関係的・概括的知識のテストには論文体テストの活用の余地が大いにある。知識のテストは，一般的には，どの学力の評価よりもやさしくて，よく理解されている分野であるから，ここにその具体例を示す必要もあるまい。
　(2)　理解の評価法
　上述した知識と，ここでの理解とは関係が深いので，その評価では従来よく両者一括して取り扱われているが，しかし，両者の構成概念にはかなり異なるところがある。というのは，知識は理解した結果や習得した概念に重点をおいてとらえられたものであるが，理解は結果や所産というよりもむしろ「理解している」という状態に視点をすえてとらえられた目標である。その理解している状態というのは，その問題自体に内在している諸要因間の関係把握が成立している，ということにある。したがって，理解の評価では，「何々を述べよ」「何々について書け」というような結果を書かせるのではなく，その事態が完全に理解され，意味が明らかにされる状態に至るまでに，ぜひ把握されなければならない重要な諸関係（因果関係，従属関係，用途や機能関係等）をいくつか分析的に提示して，それらの関係把握が成立しているかどうかをテストするように

工夫する必要がある。

　こういうわけだから，理解には深さがあることになる。問題が困難で，把握されるべき内部関係が複雑かつ隠微であればあるほど，生徒の到達する理解の深さにはいろいろの度合いがあろう。理解の評価においては，特にこうした深さを評価することが大切であるといわれているし，またそれは不可能なことではない。

　理解の評価にはどんな用具が妥当するかについては，表8.1でも示したようにまず論文体テストがきわめて優れた用具であるということを銘記すべきである。しかしながら，客観テストも，特にその中の選択法・完成法・組合せ法などはよくこれに妥当している。さらに，観察法や，面接法もきわめて優れている。前述の微妙な理解の内情や，理解の深さを診断するのには，面接や口頭試問は必須の技術であるともいえよう。

[問題例]
　月が図Aのような形に見えるのは，図Bのア〜エのいずれの位置にあるときか。記号で答えなさい。

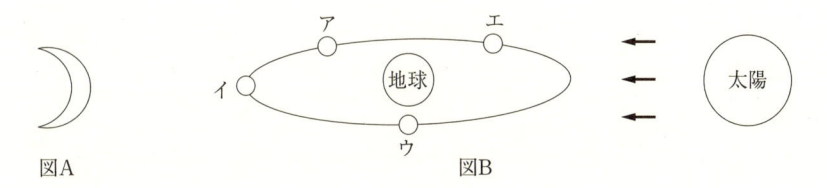

図A　　　　　　　図B

2　思考・判断の評価法

　思考とは，解決されるべき問題を含む新しい場面に直面して，それにうまく適応するために，その事態を分析し，既有の知識・理解・技術等を総合して，問題解決の新しいアイデアを創り出す高度の精神過程である。ギルフォード (Guilford, J. P.) は，広義の思考を，①集中的思考（論理的思考），②拡散的思考（直観的思考あるいは創造）の2つに分けた。筋道を立てて論理的に考えるという意味の思考が前者であり，後者がいわゆる創造的思考の本質をなすものである。

(1) 論理的思考の評価法

この思考は、さらに知識・原理の応用力（演繹的思考），資料解釈力（帰納的思考）等に分けることができる。そのどちらにしても，評価用具としてはすでに述べた問題場面テストがもっともよく妥当しているが，思考のこの区別によってその用い方が異なっている。

(1) 知識・原理の応用力の評価法

この評価には客観テスト，論文体テスト両様式の問題場面テストがもっともよく妥当する。その客観テスト問題の作り方は，一般に下記の手順による。

① その適用能力を検査しようとする知識や原理や法則を選んで決める。
② それを適用して解釈させようとする具体的問題場面を選ぶ。
③ その問題の解決法や結論を，正しいもの・誤ったものをいくつか提示して，そのうち正しいと思うものを選択させる（場合によっては，選択はさせないで，こちらから1つの結論を示す場合もある）。
④ 生徒に選ばせる理由票を準備する。それは，生徒がどの結論を選んでも，関係理由を見いだし得るように，多方面に，しかも，正しいもの，誤ったもの，正しくはあるがその問題には無関係のもの，誤った類推とか権威主義とか迷信などいろいろ列挙する。

[問題例]
ヒマワリとホウセンカのたねをいっしょの畑にまいて育ち方を調べました。このことについて次の問いに記号で答えなさい。

1 ヒマワリがよく育ってくると，ホウセンカの育ちはどうなりますか。
　ア　ヒマワリと同じようによく育つ。
　イ　はじめのうちと同じようによく育つ。

ウ　あまりよく育たなくなる。
2　ホウセンカが1のような育ち方になるのはなぜですか。
　　ア　ヒマワリときょうそうして育つから。
　　イ　ヒマワリのかげになって，日がよく当たらなくなるから。
　　ウ　ヒマワリの育ちに関係なく，ホウセンカは育っていくから。
(2)　資料解釈力の評価法

　資料解釈力の評価は，文章記述やグラフや数表などの形で何らかのなまの資料を提出し，生徒がその資料の信頼度や限界や内部関連を認識しながら，概括や仮説を引き出す能力をみるように行われる。今日，思考力の評価としては，これがもっとも多く使用されているようである。それは問題構成が比較的容易なためであろう。資料解釈力は客観テスト，論文体テスト両様式の問題場面テストで評価できるが（表8.1参照），このうち客観的問題場面テストの一般的な作り方は次の手順による。

① 実験例・統計図表等の具体的事実を提示する。
② 次に，この資料だけからみて，真，偽，真偽不定などの各種の結論（叙述）を多数とりまぜて提示する。
③ 次に，これらの結論について，与えられた資料からみて，「正しいものに○をつけよ」と問うか，「正しいものにはA，間違っているものにはB，どちらともいえないものにはCをつけよ」などと問う。
④ 採点は，教師が正答と予定したところと一致した場合に正答とし，他は誤答とする。

こうして作問した資料解釈力テストの問題例をあげておこう。

[問題例]
1　次のグラフをみて，下のア～カの中から正しいものを選びなさい。
　　ア　農業人口に占める60歳以上の人の割合は少なくなってきている。
　　イ　全農家数に占める第2種兼業農家数の割合が増えてきている。
　　ウ　兼業農家から専業農家に変わっていく傾向がはっきりみられる。
　　エ　全農家数の中で，専業農家の占める割合は，昭和50年までは減り続けたが，それ以降は減少していない。
　　オ　第2種兼業農家の割合の増加にともない，農業人口は増えてきている。
　　カ　農業をする人は，女の人のほうが多く，男の人の1.5倍以上いる。

第3部　学習評価の手順と実際

男女・年齢別農業人口

（グラフ：昭45年・昭50年・昭55年・昭60年の男女・年齢別農業人口）

年	女	男16〜29歳	男30〜59歳	男60歳以上
昭45年	628	397 / 157	591	277
昭50年	493	298 / 102	439	250
昭55年	430	267 / 71	376	250
昭60年	388	248 / 44	315	277

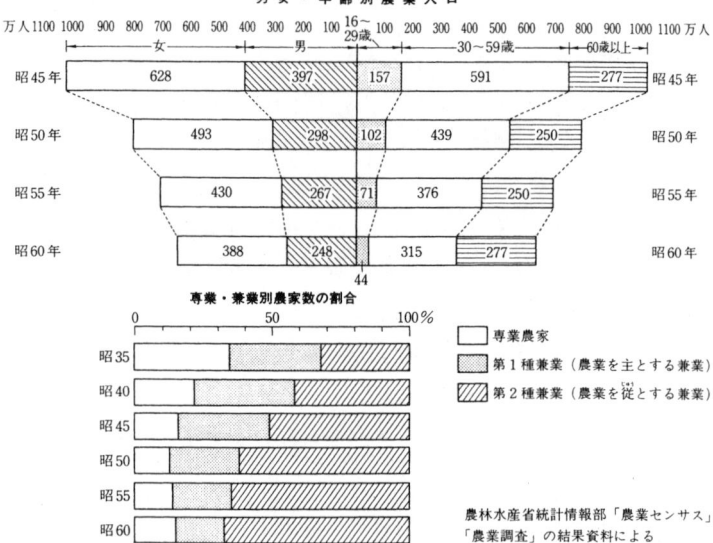

専業・兼業別農家数の割合

（帯グラフ：昭35・昭40・昭45・昭50・昭55・昭60）

凡例：
□ 専業農家
▨ 第1種兼業（農業を主とする兼業）
▧ 第2種兼業（農業を従とする兼業）

農林水産省統計情報部「農業センサス」「農業調査」の結果資料による

2　グラフから読み取れることをもとに，日本の将来の農業について予測し，150字以内で述べなさい。

(2)　創造的思考の評価法

いわゆる拡散的思考（直観的思考）を中心とした創造的思考は，上述した論理的思考とは異なり，わずかの手がかりで，飛躍的・独創的なアイデアを生み出す思考である。そこでは自由奔放な直感と想像が大切にされる。本来，創造性（creativeness）は，このほか創造的表現力，創造的技能および創造的態度・性格までも包含した広い概念であるが，ここではその中の一部分である創造的思考力だけの評価を考える。この場合も，また表8.1に示したように問題場面テストがいちばんよく妥当する。しかし，観察評定法なども利用できよう。

[問題例]
　医学の進歩や生活の向上によって，わが国の男女の寿命はなおのびている。このことは近い将来，わが国の社会にどんな問題や変化を起こす可能性があるか自由に記述しなさい。

3 技能・表現の評価法

(1) 技能の評価法

技能は，計算・読字・会話・タイプライティング・自動車運転などの技術が，個人の能力として主体化されたものであって，「知識・理解」の面と「行動的定型化」の面の2面の結合体である。ブルームらが，この目標を精神・運動領域の目標としたのもよく理解できる。

技能が，このように，①知識・理解の面と，②行動的定型化とか熟練化とかの面との，二面的構造体であるということによって，技能評価の方法や用具が規定されることになる。この中の，知識・理解の面だけの評価では，けっして技能評価の真髄をついたとはいえないのであるが——技術上の制限から入学試験などでの技能の評価でしばしばこの立場がとられる——，この場合の評価技術としては，各種客観テストや論文体などのいわゆるペーパー・テストがうまく妥当している。また，実際の読み・書き・計算等の技能では，すでに述べた知識のテストと同様にペーパー・テストで評価してさしつかえない。

しかしながら，技能の中心である第2の行動や熟練の面の評価，あるいは知識・理解面と行動・熟練面の二面を一体にしての技能評価をするということになると，ペーパー・テストはむしろ妥当性が少ない。代わってチェックリスト，評定尺度，作品・ノート・レポート，面接法あるいは撮影や録音などの，主として観察的諸技術が妥当することになる。なぜならば，技能の行動面であるところの正確さや速度や効果というものは，実際に操作や製作をしている場面そのものや，あるいは作り上げた作品や表現を直接観察して評価するほかはないからである。

このような実際場面での評価活動を「パフォーマンス評価（performance assessment）」と呼ぶ。パフォーマンス評価の射程は何も技能に限らないが，現在実践されているところでは図工や美術，技術・家庭の作品や体育はもとより，国語や英語のスピーチ，理科の観察・実験などでの適用例が多い。パフォーマンス評価の評価基準は特に「ルーブリック（rubric）」（第6章の脚注参照）と呼ばれ，文章記述されるものである。以下にその一例を示す。

第3部　学習評価の手順と実際

[課題例]

次の回路図どおりに配線をし，下の表の空欄をうめるように測定をしなさい。ただし，表中の電圧は，電圧計の示す値です。なお，測定値には単位も書きなさい。

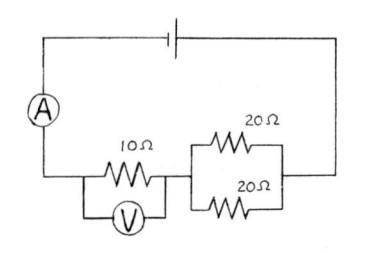

電圧 [V]	1.0	2.0	3.0	4.0	5.0	6.0
電流 [　]						

次の8項目の評価の観点で，
　評定A：7項目以上クリアしている。
　評定B：5～6項目クリアしている。
　評定C：4項目以下しかクリアできていない。

①リード線を使って，配線が正しくできている。
②電流計の接続が正しくできている。
③電圧計の接続が正しくできている。
④電流計の一端子が適切に選ばれている。
⑤電圧計の一端子が適切に選ばれている。
⑥電圧を変化させて，流値の測定が正しくできている。
⑦測定した電流の単位が正しく書けている。
⑧決められた時間内に測定を終了できる。

（角田，2001より）

(2)　作品・表現の評価法

図工・習字などの作品，音楽・体操などの表現の評価には，一般に評定尺度，チェックリスト，一対比較法，序列法，等現間隔法など，要するに評定法が妥当し，現にそれらが広く用いられている。

作品や表現は，質的には，生徒のその方面に関する技能を中心として，それに知識・理解・創造力等を含めての結晶物であり，それをもっとも具体的な証拠で直接に示したものとみなければならない。だから，技能教科での知識・理

解・技能・創造力の評価には，それを観念的形態としてテストのかたちでとらえる方法と，作品や表現のかたちで上述のような諸用具でとらえる方法との2種が存在しているということもできる。

　作品や表現を評定尺度，チェックリストで評価する場合は，その評価目標の重要なものをいくつか分析し，そのおのおのについて評定したのち，それを総合して全体点を出す方法が優れている。このことは，テストの場合とまったく同じ理由で，1つの作品1つの表現は，すなわち1枚の答案のようなものであって，いろいろな評価目標を含んでいるところの複合体であると考えればよい。たとえば，図画の評定では，①構図，②彩色，③効果などのように，いくつかの目標ごとに評定したのち，総合成績を出すのである。

　しかしながら，このように分析しないで，全体効果で評定することもできる。そのための方法が一対比較，序列，等現間隔などの方法である。その方法については，すでに第6章で取り扱ってあるので，ここでその例を示すことを省略する。

4　関心・意欲・態度の評価法

　関心・意欲・態度は，単なる知識でも技能でも思考力でもない。むしろそれらの能力の発動にエネルギーを供給し，その方向を規定するものである。能力が「何々することができる」と表現されるのに対して，関心・意欲・態度は「何々しようとする」というように表現される。したがって「傾向性」であるともいえる。さらに，関心・意欲・態度は情緒的色彩を帯び，好き・嫌い，受容・拒否などの感情的傾向でもある。こうして，関心・意欲・態度は，人の見方・考え方・行動を強く左右する。

　これらの目標の評価用具としては，2種の方法を区別することができる。1つは，観察法，逸話記録，チェックリスト，評定尺度など直接に行動をとらえようとする直接的方法であり，いま1つは，生徒の言語表現を媒介としての面接法，質問紙法，論文体テスト，問題場面テスト，ゲス・フー・テスト，日記，感想文，読書記録の検閲等の技術による間接的方法である。これらのうちでも，一般的にもっとも広く用いられているのは質問紙法や評定法などであろう。

第3部　学習評価の手順と実際

[質問紙法の例]

公害の学習をしてみて，あなたはどのように思いましたか。
ア　公害をなくすには，工場や国ばかりでなく，私たちも気をつけなければならないことがあると思った。
イ　国や工場などが，公害をなくすよう努力してくれたらいいなあと思った。
ウ　公害のことには，あまり興味がわかなかった。

II　標準学力検査の利用法

　標準学力検査の最大の特質は，結果を解釈するための一定の基準を備えているテストであるという点である。その基準の設定方法によって，NRT（集団基準準拠テスト，Norm-Referenced Test）とCRT（目標基準準拠テスト，Criterion-Referenced Test）の2種類がある。いずれも，原則としてその学年1年間にわたって学習した内容を評価するものであるから，総括的評価の用具である。

　しかし，両者は作成手続きや診断基準が大きく異なるため，学習評価への利用目的や方法に違いがある（表8.2参照）。

1　集団基準準拠標準学力検査（NRT）の利用法

　NRTでは，全国を基準とする標準得点（偏差値，5段階評定等）によって主たる指標が得られるため，次のような活用上の特色がある。

(1)　個人への利用

① 概観的利用

　学習の前提条件を確認するための診断的評価に活用されるのが一般的である。学年初め，特に中学校や高校の新入時にその後の学習に必要な能力を身につけているかどうかの判断に利用されることが多い。

　また，習熟度別のグループを編成する場合の基礎資料とすることも行われている。中規模以上の学校では，等質な学級を編成する目的での利用も考えられる。

② 分析的利用

　NRTの大きなメリットの1つに，教科間・教科内の比較が容易にできるこ

表8.2 NRT・CRT 対照表

	NRT	CRT
問題内容・作問方法	・学習指導要領の内容領域に即して作問し，予備実験で個々の能力をよく弁別する項目を選択する。 ・発展・応用の内容も含む。	・1学年の教育目標全体をよく代表する項目を抽出し，教科書の単元配列を参照して作問する。 ・基礎的・基本的事項が中心となる。
標準化の方法	・全国（または地域）を母集団として標本を抽出。集団基準（norm）を設定する。	・小問ごとに妥当性を吟味し，分類して期待正答率を設定，観点ごとの分割点（cutting score）を算出する。
実施方法	・時間制限あり。	・すべての問題に着手させる。
結果の表示	・全国基準による標準得点（偏差値）を算出，内容領域（数と式・言語事項等）別にも分析評定できる。	・観点（目標＝知識理解・関心意欲態度等）別にABC3段階で目標満足度を判定。 ・各教科の総合評定も算出する。

とがあげられる。教科の得意・不得意の程度を一義的に比較することが可能なので，生徒の自己理解や，特に次節で述べるようなLD（学習障害）の理解にも活用できる。

さらに，下位検査についても全国基準が設けられており，領域別に分析することにより，きめ細かい補充指導ができる。

③ 累積的利用

過去に実施したデータを蓄積しておき，標準得点を比較することで，変化や進歩の度合いを通時的にみることができる。

④ バッテリー利用

数種類のテストを組み合わせて解釈することをテストバッテリー（test battery）という。NRTを軸に，知能（学習適性）検査や適応性検査等を同時に実施することで，学業不振の発見や指導のポイントを確認できる。中でも，学習障害は，知能に全般的な遅れはなく，学力が著しく低い場合が多く，したがっ

て知能と学力のバッテリーが重要な理解のための情報となる。

(2) 集団への利用

学級・学年・学校，あるいは地域の学力の実態把握を行う場合，NRTを採用するケースが多い。NRTを利用するメリットは次のようなことである。

① 当該集団にどの程度の学力が身についているかを，全国水準と比較して把握することができる。
② 全国水準を満たしていない場合，どの教科のどの領域のカリキュラムや指導法に手を加えたらよいかを判断しやすい。
③ データを累積して，変化をみることができる。

通常，当該集団の平均標準得点（偏差値）を比較のための指標として用いるが，それだけでは真の実態をとらえることはできない。同じ平均でも，全国のような正規分布にならず，上位と下位が多い二山型の分布を描いているような場合があるからである。したがって，標準偏差や標準得点の分布も検討する必要がある。

データを累積して比較する方法は2とおりある。1つは，同じ生徒を年度ごとに追っていく追跡型の比較である。もう1つは，同じ2年生ならば2年生のデータを年度間で比較する同一学年比較である。前者は進歩の状況をとらえることに力点がおかれており，後者は生徒のレベルに応じた教育計画を策定することをめざすものであって，目的に応じて使い分けることが望ましい。

2 目標基準準拠標準学力検査（CRT）の利用法

(1) 個人への利用

他人との比較においてではなく，目標の満足度においてどの観点（目標）は達成し，どの観点は不十分であるかを見定めて，補充指導を施したり，今後の指導計画を改善・強化したりする。これが目標基準準拠テストの本来の目的である。

NRTでは，実施上時間制限があるため，内容を理解していないことによる無答と時間が足りなかったための無答の識別ができないが，CRTではすべての問題に着手することが前提であり，その意味で補充指導に直結するという利点がある。また，NRTは発展・応用に属する問題を含むのに対し，CRTは授

業で学習した内容が中心に出題されている点からも活用しやすい。

このほかにも，習熟度別学級編成やグループ編成への利用や，指導要録「観点別学習状況」の評価のための参考資料としても活用できる。また，「評定」欄は平成13年の改訂から絶対評価で記入することになり，そのための参考資料としての利用価値も出てきたといえる。

ただし，NRTと違って相対的な基準をもたないため，数値による教科間の比較や，累積しての比較には適していない。

(2) 集団への利用

各教科の観点ごとに，ABC3段階のそれぞれに判定された生徒の人数・出現率を算出し，これをもとに指導計画を改善し，また必要な補充指導を行う。CRTはさきに述べた理由で，小問まで立ち返ることができるので，学級全体として通過率の低い小問を中心に，一斉の補充指導が可能である。

全国水準との比較についてはNRTほどに簡便ではないが，通常は全国で実施した結果に基づいて算出された観点ごとのA，B，Cの全国出現率や小問の全国通過率が手引に示されているので，これをもとに自校や地域の状況をとらえることができる。たとえば，Cの出現率が全国よりも少なく，通過率が全国を上回っていれば，全国水準以上の学力が保障されていると判断できる。

累積的な比較は，各観点および総合評定の3段階（または5段階）出現率を用いれば可能である。あるいは，全国通過率を100とした比で表して比較する方法もあるが，いずれにせよ統計的な信頼性という意味では，NRTに一日の長がある。

III 学業不振と学習障害の診断

学習上の困難を表す概念には，学業不振，学習障害（learning disabilities），学習遅進（slow learner），知的障害（mental disabilities）などがある。このうち，知的障害は特別な援助教育の歴史が長く，診断法や個別的な対応法が制度的にも確立されていることから，本書では取り上げない。また，学習遅進は学業不振に含めて考えることとする。したがって，ここでは学業不振と学習障害の2つについて述べる。

第3部　学習評価の手順と実際

1　学業不振

(1)　学業不振の定義

学業不振には次のような2つの考え方がある。

① その社会や文化が要求している教育目標を一定期間内に達成できなかったこと，つまり学年や年齢の水準に比して遅れている状態。

② 能力・適性や環境等からみて当然達成できると期待される目標の程度に到達できなかったこと，つまり知能などから期待される水準よりも実際の学力が低い状態。

①は知能やレディネス等の前提となる諸条件を勘案せず，いわば外的な基準に依拠した定義であり，②は個人内の特徴に着目した心理・教育学的な考え方である。

この定義に合致する生徒を発見することが診断の第一歩である。このような診断は，これまで述べた普通の学習評価手法で相当程度まで行うことができる。たとえば，日常の観察的評価や通常のテストでもすぐに見当のつくことである。

また，標準学力検査を実施して知能検査の結果と比較し，成就値等を算出すれば，いっそう客観的に上記②の意味での学業不振を見いだすことができる。

(2)　学業不振の原因と診断

学業不振のおもな原因としては，次のようなものをあげることができる。

〔一般的原因〕

① 知能や適性的原因

② 感覚器官・発声器官・疾病など身体的・生理的原因（過去と現在にわたり）

③ 情緒的・態度的不適応（過去と現在にわたり）

④ 虐待など家庭その他の環境的要因（過去と現在にわたり）

⑤ 経験的背景の欠如あるいは不足（過去と現在にわたり）

〔学校教育的原因〕

⑥ 指導計画・指導法など学校教育的原因（過去と現在にわたり）

〔教科内容的原因〕

⑦ その学習の前提条件として当然すでに習得していなければならない知識・理解・技能などの欠如または不足

〔一般的原因の診断〕

　学業不振の原因が知的な発達にある場合は，知能検査によって診断できる。軽度の知的障害，あるいは知能が境界域（IQ70～85）にある学習遅進は，通常の学級に在籍しているが，TTやスクールボランティアを活用するなどして，できるだけ個別指導の機会を増やすことで学習への不全感を予防する配慮が必要である。

　もし知的発達に問題がなく，また次項にみるような能力間に大きな差がない場合は他の方面を追求しなければならない。

　ある程度長期にわたる観察法や面接法，場合によっては学習適応性検査やQ-U（Questionnaire-Utilities）などのテスト法を計画的に用いることで，教科に対する興味・関心の有無や，教師・級友との人間関係，虐待やネグレクトの事実，情緒的な不適応などを診断できる。

　この種の原因について，特にはっきり認識しておかなければならないことは，このような情緒的・人格的不適応は学業不振を招き，学業不振はますます不適応を高じさせ，さらにそれがますます学業を不振にするという悪循環が生じるという事実である。学業不振への対応は，どこでどうしてこの悪循環を断ち切るかの問題であるといわれている。

　また，近年，身体的・生理的原因と並んで，注意欠陥多動性障害（ADHD）や高機能自閉症などの広汎性発達障害が注目されるようになってきた。この障害をもつ場合，授業中の態度や対人関係の不適応が原因となり，学業不振に陥ることがある。このような障害の診断は専門医の所見にまつほかはないが，対応に関しては，校内に援助チームを編成し，医師やカウンセラーなどの専門家と連携して当該生徒を支援していくことが望ましい。

〔学校教育的原因の診断〕

　カリキュラムや指導法の不適切さや，視聴覚機器などの学校設備の不十分さなどが原因となっているものである。教師の教授スタイルがその生徒の認知スタイルに適合していない場合などもこれに含まれる。従来は学業不振の原因と責任が，ややもすれば生徒側に強く求められたが，現在ではアカウンタビリティーの考え方が強調され，指導法や指導計画が生徒個々に対して最適化されることの重要性がいわれている。

そのためには，個別教育計画（IEP）を策定し，それに基づいて，カリキュラムや援助体制も含めて総合的にアセスメントをすることが望ましい。

〔教科内容的原因の診断〕

教科内容的原因というのは，現在の不振の原因を，過去の学習でのつまずきに求めようとするものである。たとえば，5，6年生の計算力不振の原因を2年の内容である九九の習得不十分に帰して診断するなどがこれにあたる。

方法としては，診断のためのテストを自作する，あるいは学年をいくつか繰り下げた標準学力検査を実施してつまずきの原因を探ることになる。標準学力検査を使って誤答分析をする場合は，手引に記載された一般的な誤答傾向を参照することで，より精密に誤学習や認知の偏りを知ることができる。

なお，原因診断のためには，なるべく一対一で面接しながら個人検査として行い，必要ならば声に出して答えさせるなどして，現在の不振の原因となっている誤謬を発見するのがよい。

2 学習障害

(1) 学習障害（LD）の定義

文部科学省による定義は次のとおりである。

「学習障害とは，基本的には全般的な知的発達に遅れはないが，聞く，話す，読む，書く，計算する又は推論する能力のうち特定のものの習得と使用に著しい困難を示す様々な状態を指すものである。

学習障害は，その原因として，中枢神経系に何らかの機能障害があると推定されるが，視覚障害，聴覚障害，知的障害，情緒障害などの障害や，環境的な要因が直接の原因となるものではない。」

一見すると学業不振に類似するが，脳の部分的な機能不全が原因で認知に特異な遅れや偏りがあり，特定の領域で著しい困難を示す点で一般の学業不振とは区別される。

ただ，この定義の中ではふれられていないが，学習面での困難だけでなく，注意集中の困難や多動，対人関係などの社会的適応性の問題を伴うこともある。これは行動観察を行う場合の重要な指標ではあるが，ADHDなどの障害と重複して起こる場合と，学習困難の結果として二次的に不適応を起こしている場

合が考えられ，慎重に判断されなければならない。

(2) 学習障害の診断

診断の手順はおおむね次のようになる。

① 学級担任または保護者が特異な学習困難に気づく。
② 校長，教頭，担任教師，養護教諭，教育相談担当その他からなる校内委員会で実態把握を行う。
③ 特別支援教育センターなどの相談機関の専門家チームが心理学的・教育学的・医学的見地からアセスメントを行い，(1) 学習障害であるか否かの判断，(2) 望ましい教育的対応の内容に関する意見を具申する。

学校で行う実態把握には，観察や面接，学業成績，標準学力検査および団体式知能検査に基づく結果などが含まれる。

専門家チームは，まず個別的な知能検査や認知能力検査などを行い，知的発達に全般的な遅れがないかを確認する。さらに，それらの検査で下位検査プロフィールに著しいアンバランスがないかを分析する。次に，校内委員会の提出した資料をもとに，国語等の基礎能力に著しいアンバランスがあるかどうか，その特徴を把握する。その際，成就値がマイナス（アンダー・アチーバー）であることも指標となる。必要に応じて医学的見地からの診断や，実際の授業場面での行動観察や面接を加味して判断する。

(3) 学習障害児への指導

学習障害児への指導が行われる場は，多くの場合通常学級である。したがって，学級担任や教科担任が配慮しながら指導することとなる。さらに，専門家チームからの意見に基づき，TTを配置する，授業時間外や通級学級で個別的指導を行うなどの対応が必要となる。

しかし，一口に学習障害といっても，それぞれの生徒の特徴は多様であり，指導方法も確立されているとはいいがたい。いまのところ，それぞれの特徴に合わせて対応を工夫していくほかはない。いくつかの一般的な原理が提唱されているので，それを以下に列記する。

① 興味・関心をもって授業に参加できる指導

　実物や視聴覚教材を使った授業，注意が持続できる範囲で区切ったスモール・ステップの授業など。

② 得意な面を生かすことができる指導
　　認知特性に応じた指導法，たとえばK-ABCで同時処理が優位な生徒に対して，漢字の成り立ちを示す絵を提示して学習させるなど。
③ 本人が取り組みやすい機器の活用
　　書くことが苦手な場合はワープロを活用する，計算することが苦手な場合は電卓を使用させるなど。
④ 苦手なことに挑戦させ成果をほめる指導
　　単純な課題を与えて根気や集中力を養う，手指の不器用さを克服するトレーニングをするなど。

■引用文献────────────────────────────
角田陸男　2001　パフォーマンス評価の実践的研究（3）　指導と評価　Vol. 47-6　図書文化

第4部

知能・適性・人格の評価

第4部 知能・適性・人格の評価

第9章 知能・適性の評価

I 知能とは何か

1 知能の意義と構造

　知能（intelligence）がどんなものかは，心理学的にまだ完全には明らかでない。これについて，これまで，ビネー（Binet, A.），シュテルン（Stern, W.），ソーンダイク（Thorndike, E.L.），ターマン（Terman, L.M.），ピントナー（Pintner, R.），ハガティ（Haggerty, M.A.），ビューラー（Bühler, C.）他の学者からいろいろな定義が下されてきたが，それらを整理してみると，次の3つの類型にまとめることができる。

① 知能を，抽象的思考力，判断力，推理力，洞察力のような高等精神能力（higher mental power）として理解する。
② 知能を，学習し得る能力（ability to learn），すなわちあらゆる学習の基底にあってそれを可能ならしめる能力とみる。
③ 知能を，新場面や新問題への適応能力としてとらえる。

　このいずれの考え方も，われわれの知能についての概念構成を助けてくれるが，しかし今日の知能検査の立場は，この中の主として②と③であるといえよう。こうした「学習し得る能力」とか「適応能力」のことを，これまで「知能」――それを測定する用具を「知能検査」――と呼び習わしてきているのであるが，近年，この「知能」の語が動かすことのできない生得的・遺伝的才能（inherited capacity）と誤解されるおそれがあるというので，別の用語，たとえば学業適性（scholastic aptitude）とか，一般能力（general ability）とか，あるいは精神能力（mental ability）の語などを用いる学者もいる*。かといってそ

れは学習成果すなわち学力とも異なるものとして考えられている。要するに，知能は純粋に生得的・素質的な能力ではないということを強調してこういう別の言い方がなされているのである。

この問題はのちにまた取り上げることにして先に進もう。知能がどんな構造体をなしているかについては，これまで知能学者からいろいろ提唱されてきた。まず，スピアマン（Spearman, C.E.）は，1904年に，知能は，あらゆる知的活動の根本に共通に横たわる一般因子（general factor，"g"の符号で表す）と，相互にあまり相関のない数個の特殊因子（specific factor，"s"の符号で表す）とから成り立っているとのいわゆる2因子説を提唱した。一般因子は，同一個人ではおよそ同じであるが，特殊因子は，たとえば記憶力では優れていても，推理力では劣っているというように同一個人内でも異なると考えた。この分析にしたがって，今日も，知能を一般知能と特殊知能に分けて考えられている。

サーストン（Thurstone, L.L.）は，1934年にいわゆる多因子説を唱え，知能を，知覚的因子，数的因子，言語的因子，空間的因子，記憶的因子，精神速度因子，演繹・帰納推理因子の7因子に分析し，これらは互いにほかと比較的に独立している（相関のない）基本的能力と考えた。この考えは，今日の知能の検査の作成に大きな影響を与えた。

このサーストンの考えを継承していっそう発展させたものに1985年のギルフォード（Guilford, J.P.）の知能構造モデルがある。それは，知能を大きく3次元構造で包括的に分類しようとするものである。1つはテスト内容の種類で規定され，第2は，その各種の内容を取り扱うのに必要な精神的操作のタイプで定義され，第3はそのいろいろな内容に適用させる各種の精神的操作によって生産される結果で示されるとし，120個の異なる知能因子を純粋に理論的に設定した（図9.1）。しかし，そ

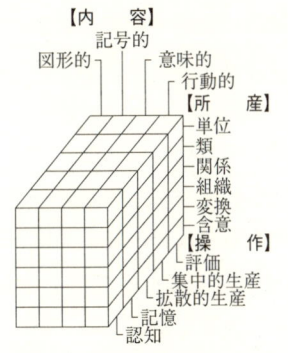

図9.1 知能の構造モデル

＊　たとえば，グロンランド（Gronlund, N.E.）は1971年の著書で，またメーレンス（Mehrens, W.A.）らは1973年刊行の著書中で知能の代わりに学業適性の語を使用し，それぞれ知能検査を「標準化適性検査」「標準化適性測度」の章の一部として取り扱っている。

のすべての知能要素が確認できているわけではない。

最後に，最近注目されている2つの際立った対照をなす2つの知能理論を紹介しておく。

1つは，ガードナー（Gardner, H.）の多重知能論である。脳の機能と社会で活躍しているエキスパートの認知能力とから，知能の構成要素として，次の7つ（しだいに増えつつあるが）を設定する。

空間（建築家），音楽（音楽家），運動（スポーツ選手），言語（弁護士），

対人関係（政治家），論理数学（科学者），内省（宗教家）

ただし，知能検査については否定的で，むしろ，それぞれの知能要素の陶冶に必要な教育的実践方法を提案している。

もう1つは，人の情報処理のスタイルに着目したカウフマン夫妻（Kaufman, A.S. & Kaufman, N.）の理論と知能検査（K-ABC）である。

知能を認知処理の観点から取り上げることで指導上の有効な方策が立てられるとして，継時的処理と同時的処理のいずれが優位か，さらにそれとの関連でどんな知識や技能が習得されているかをみようとするものである。

2 知能の発達と安定性

知能は年齢につれて発達する。どの知能テストを用いたかで異なることではあるが，一般に17～18歳ごろまでは知能の絶対量は発達することが示されている。

しかしながら，知能指数や偏差値で示されたところの，相対的知能には大きな変動がないことが示されている（知能の恒常性）。もちろん，知能検査でとらえる知能は，被検者のそのときの心身の条件，検査者の施行の要領，検査場などのいろいろな条件で左右される，いわゆる条件発生的なものであるから，そこにいくぶんの変動はまぬがれない。しかしあまり大きな変動はめったに生じない。石川七五三二の研究によると，3年後でも4年後でも，また10年経っても，偏差値が10点以上変動した者はおよそ1割にすぎず，21点以上も変動した者は皆無に近い。ターマンの研究もほぼこれと一致している。また，1年，2年，3年と間隔をおいて，同一テストを2度実施した相関係数が内外の多数の人々によって調査されているが，その多くは3年経っても0.83前後のきわめて

高い相関を示している。これらの事実からみて，知能はこれを指数で相対的にみれば，比較的安定しているといえる。

3　知能における素質と環境

知能の安定性の問題とからんで，知能における素質（遺伝）と環境の問題が常に論議される。人間の知能あるいは精神能力が，素質（遺伝）と環境の２大要因によって規定されている，というところまでは意見は一致しても，そのそれぞれの寄与率は一般的にも個人的にも明らかにすることができないので，この問題は，社会により，時代により，また個人の政治思想，社会思想によってまで左右されるのである。

しかし，遺伝的・発生的類似性に差のある一卵性双生児，二卵性双生児および普通の兄弟などについて，環境を一緒にしたり別々にしたりして育てた場合の２，３の実験結果などからみて，知能にはもちろん環境も影響しているが，しかしより強く遺伝的・素質的要因が作用していると考えざるを得ない。環境は，知能に対してよりも，むしろ学業成績に大きな影響を与えるように思える。表9.1は，その１つであるジェンセン（Jensen, A.R.）の資料である。

知能検査が，学力検査とまったく同じものを測定するのではその存在意義がないので，知能検査は，学力検査とは異なって，なるべく環境的・教育的影響を統制して，可及的に生徒の素質的・遺伝的・潜在的能力を測定しようと努めることは当然なことであるが，この期待は現在の知能検査ですでに相当に達成されていると考えてよいであろう。知能検査は，今日，記述的目的からではな

表9.1　発生的・遺伝的要因と環境要因の知能，学業成績および体位に及ぼす影響　　　　　　　　　　　（数値は相関係数）

血縁の程度	一卵性双生児		二卵性双生児	普通の兄弟		他人の子ども
生育環境	一緒	別々	一緒	一緒	別々	一緒
調査数	83	30	172	853	131	287
知　　能	.929	.829	.539	.514	.473	.267
学業成績	.900	.683	.831	.811	.526	.519
体　　位	.965	.949	.522	.522	.495	.095

く，将来の学業や職業に対する予測的目的から使用される傾向にある。前述したように，今日，知能の語の代わりに学業適性とか一般能力とか学習能力とかの表現が好んで用いられるのも，こういう意味からである。

ここで知能・適性と学力の違いをまとめていえば，知能・適性はその関心が将来に向けられ，これで将来におけるその生徒の業績を予測しようとするのに対し，学力は過去と現在に向けられ，指導後の成績を調べたものである。また，知能・適性は人の潜在能力であるのに対し，学力は現在の実在能力である。したがって，知能・適性検査は将来その生徒が「何を学ぶことができるか」を予測するものであるのに対し，学力検査は現在「何を学習したか」を測定するものである。

II　知能検査とその利用

1　知能検査の問題

知能検査も一種のテストである以上，何か生徒に具体的問題を提示してそれに反応させてみなければならない。その問題を媒介にして間接的に測定するほかはない。知能検査の問題は，つまり知能をみるための見本であり，いろいろな知能的行動の中から，代表的なものを選ばなければならない。さらにまた，知能検査は学力検査などとは異なって，可及的に——文字どおり可及的であって，完全にではない——後天的・環境的影響を排除して，個人の潜在的なものをみなければならないから，都市と農村，男子と女子，教育の違いなどの相違で成績がなるべく左右されないような問題見本を選ばねばならない。

さらに，理論的にいって，前節で述べたような，分析された知能のそれぞれの因子を妥当に測定するような問題を構成することが肝要となる。こうして，今日の知能検査では，それぞれの知能因子を測定するために，たとえばサーストン説に従って次のような問題が使用されており，これを下位テスト (sub-test) として，そのいくつかを合わせたものが検査の全体を形成している。

1　知覚的因子——こまごました視覚図形の異同を，迅速・正確に弁別させる問題など

2 　数 的 因 子——何らかの数量的操作を行わせるような問題
3 　言語的因子——語句の連関その他の言語や文字を用いての問題
4 　空間的因子——空間関係や定位に関する問題など
5 　記憶的因子——数や語等の記憶再生に関する問題
6 　推理的因子——言葉・数・絵・幾何図形などを用いての類推問題など
＊精神速度因子は，それぞれの問題が制限時間内にどれだけできたかでみることが多い。

こうして，下の図9.2に示したように現行知能検査の問題として用いられている内容は，総体的にみて，動植物や器物の絵の観察，語彙，文章，図形，数，実物の組み立て，命令の実行などに関するものが多い。図9.2の問題例を参照されたい。

細かくみれば，それは種々さまざまであるが，その大部分は，言語的記号のかたちをとるものと，数量・形など数学的記号の形式をとるものとの二大形式

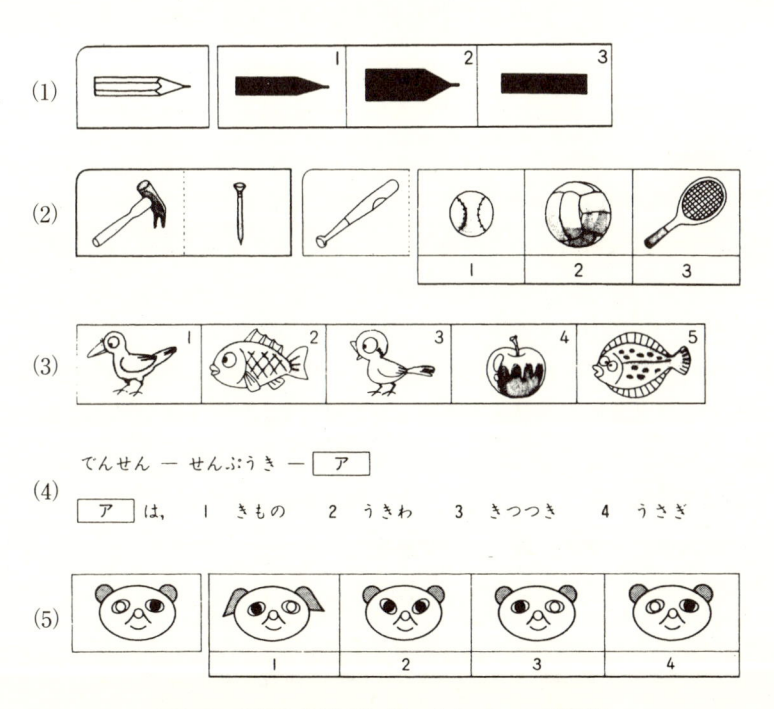

図9.2　各種知能検査に用いられている問題例

に分けることもできる。われわれの文化体系の二大形式である言語的記号と数学的記号の両者に知能テストの問題が取材されているという事実は、現行知能検査を理解するについての1つの着眼点である。

2 知能検査の種類
(1) 測定目標上からの分類
知能検査は、すでに述べた一般知能と特殊知能の区別にしたがって、一般知能検査と特殊知能検査に大別される。しかし、今日ふつうに知能検査という場合は、この中の一般知能検査を指している。特殊知能検査とは、たとえば推理力検査、記憶力検査、注意力検査、構成力検査のごとくであって、これがのちに述べる適性検査のかたちに発展させられた。

(2) 問題構成上からの分類
この見地からは、言語式検査と非言語式検査(主として図形などを用いる)に分けられ、一般に、言語式はA式、非言語式はB式と呼ばれている。AB混合式も用いられる。また、これら言語式、非言語式検査に対して動作式(あるいは動作性)検査と呼ばれるものもある。WISC検査などはこの形式のものを含んでいる。

(3) 施行の様式からの分類
現行の一般知能検査は、その施行法のうえから、個人検査と団体検査に分けられる。

個人検査の代表的なものはビネー式検査、WISC検査などであるが、個人検査は一人一人の生徒を個別的にテストするのであるから、学級の全部の生徒をテストするには非常な時間と労力がいる欠点はあるが、その代わり丁寧に詳しく診断し得る長所をもっている。低学年や幼児にも使用できる。もしいちおう全員を団体検査でテストしたとしても、問題のある少数生徒については、さらにこの個人検査を併せて施すことが望ましい。

団体検査の出現は個人検査よりも後であって、1912年、オーティス(Otis, A. S.)の考案に始まり、のち、第1次大戦中、ヤーキズ(Yerkes, R.M.)を中心にアメリカ陸軍A式ならびにB式が大規模に作製されたことで著しく発展させられた。わが国における団体知能検査も、もとはそのA式かB式かのいず

れかの系統を引いている。

団体検査は，個人検査と長短相半ばし，一時に多数テストできる長所があるが，その施行の管理，ことに問題への解答の仕方を全部の被検者に十分理解させることの困難さがある。これらの管理がうまくいかないと，その結果に信頼がおけなくなる。同様の理由から，低学年児童に対しては実施が困難であるから，注意を要する。

3　知能検査の予測性と妥当性

すでに論じたように，今日，知能を純粋に素質と考えたり，固定的なものと考えたりはしないが，しかし，知能検査は，なるべく人の潜在能力（potential ability）を測定しようとしている。それは，環境の影響すなわち学習の結果も含んではいるが，しかしなるべく潜在的・素質的能力を測定して，それで人の学業その他の活動における将来の業績を予測しようとする。予測に基づいてその生徒の今後の教育的処遇を適切にしようとするのである。

生徒の将来の学業の予測は，学力検査によっても可能であるが，ただ，たとえば国語の学力は将来の国語の成績の予測にはきわめて有効であるが，ほかの数学・理科の成績の予測にはかならずしも適切ではないというように，その一般性が低い。この点，知能検査は，1つのテストでもっと広く教科一般や知的作業一般における将来の成功の予測能力を有している。ここに学力検査の予測性とは異なる長所がある。

知能検査がこのような予測性をもつためには，それが十分な妥当性をもつということが必要条件であるが，知能検査の妥当性は主として規準関連的妥当性（criterion-referenced validity）や予測的（predictive）妥当性によって理論的に証明されるものである。すなわち，知能検査での得点が，①子どもが成熟に達するまではその年齢と相関し，②学校でのアカデミックな学業成績とかなり高い相関を有していることや，また，③IQ などが何年かの間比較的安定しており，④知的障害者の得点は劣り，⑤一卵性双生児での相関が，別々に育てた場合でも二卵性に比してはるかに高いというような，このような証拠に基づいて，実証的に知能検査の妥当性が高いことが，これまで認められてきているのである。

4　実施上の留意点

知能検査の正しい実施のためには，いろいろ細かな配慮がなされなければならない。ただやりさえすればうまくいくと安易に考えてはならない。

① 事前の用意が大切である。特に，検査の手引書をよく読んで，その施行法を十分理解し，また検査用紙の枚数を確かめ，ストップ・ウォッチその他の用具を調べておく。

② 特に団体検査では，教示の与え方，例題の説明の仕方が決定的に大切であるから，手引書の指示を守って，ほとんどそれを暗記するまでにしておくのがよい。

③ 生徒が十分実力を発揮できるように，疲労していない時間や静かな部屋を選び，できれば天候や気象状況まで配慮するのがよい。

④ 検査当日の生徒の歯痛・頭痛・腹痛・手指等のけがなどの個人的事情が，その成績を左右することがあるから，こういう生徒を調べて記録しておき，のち，結果の解釈の参考にするだけの細かい配慮が望ましい。

⑤ 団体検査は大部分厳しい時間制限法（タイム・リミット）をとっているから，示された時間は絶対に正確に守らなければならない。テストの「始め」「止め」等の指示は，全生徒に厳守させなければならない。

⑥ 採点も手引書や採点盤の指示を厳守して採点するようにし，任意に甘くあるいは辛く採点するようなことがあってはならない。そうでないと，結果をその検査が用意している基準に照らして解釈しても無意味になる。

⑦ 練習効果の理由から同一知能検査はあまり接近して繰り返し行ってはならない。研究によると1年から1年半以上の間隔をあける必要があるようである。

5　知能検査の結果の利用

知能検査の結果の利用における基本的態度は，これを生徒の将来の学業その他の活動における成功の予測に用いる場合に，これを決定的，宿命的なものとはけっして考えてはならないということである。もしそのように考えれば，著しく教育の機会を縮小したりするような考え方も出るかもしれないが，それでは誤った合理主義に毒されたことになる。あくまで人間尊重の精神に立脚し，

その生徒のできるだけの自己実現を願って，そのためにどういう指導法をとり処遇をすればよいかを考えるにあたっての，1つの作業仮説としてこれを利用するということである。そして，もし知能検査の結果，あまり多くを期待できないような場合，そのカリキュラムや指導法の工夫によって，初めの予測を破るほどの教育成果を上げ得たとすれば，それこそその指導法の効果であるとともに，その知能検査を実施したことのメリットである。

このような立場から，具体的には以下のような利用法が考えられる。

① 生徒の学習はいろいろな条件で左右されているが，知能はその中の大きな1つの条件あるいは入力（input）である。知能指数や精神年齢は学習可能性であり，これで個々の生徒におよそどの程度の学習を期待し得るかが示される。そこで，個々の生徒または学級全体の知能を調べることによって，それに応じた指導計画を立てるための1つの資料が求められる。

② 知能検査の結果は，これを標準学力検査（集団基準準拠）の結果と比較して，個々の生徒ならびに学級全体の学力の進歩状況の順調・遅滞の診断に利用し得る。しかしながら，いまも述べたように，知能は学力の進歩・遅滞を決定する唯一のものではないのであるから，このような診断はもちろん機械的であってはならない。従来の研究では，知能と学業の相関は国語・算数方面で高いのであるが，それでも.60程度であり，技能教科方面では著しく低い。

こういうことを含んだうえで，生徒が学習可能性どおりの学習の進歩を示しているかどうかの診断法の1つは，いわゆる成就指数（Achievement Quotient；AQ）による方法である。成就指数は，次の公式から求められる。

$$成就指数（AQ）＝\frac{学力偏差値}{知能偏差値}\times 100$$

成就指数が100前後なら，知能すなわち可能性並みの成績や進歩を示しており，80とか70とかなら，もっと進歩の余地を残すであろうということを意味し，逆に120とか130とかであれば，本人の努力その他の条件で知能から期待される以上の成果を上げていることを意味する。

もう1つの方法は，学力偏差値から知能偏差値を減じて，その差を成就値（Achievement Score；AS）とし，その成就値がある程度の大きさの＋（プラス）

のものをオーバー・アチーバー（over achiever）として，知能から期待される以上に成果を上げている者と解釈され，逆にその値が—の者をアンダー・アチーバー（under achiever）として，知能から期待される以下の成績と解釈される。それは次の公式で算出される。

$$成就値（AS）＝学力偏差値—知能偏差値$$

③ 行動問題児の診断にも，ときに知能テストは利用される。知能が劣っているために，道徳的・社会的判断力が欠如し，そのためにいろいろな問題を起こす場合があるからである。

④ 優秀児を早く発見して，その天分を十分伸ばすような教育の機会を用意することと，知的障害児を早く見いだして，その必要に応じた適切な指導をすることはともに大切なことである。こういう優秀児と知的障害児の判別には，知能検査はもっとも手っ取り早く，また信頼がおける方法である。

⑤ 知能テストの結果は，これを学力の評価の結果などと併せて，等質学級編成や能力別サブグループの編成のための資料とすることができる。

⑥ 知能テストの結果は，進学指導ならびに職業指導のための1つの資料として利用される*。しかしそれは，一般知能によってのみ決められるべきものではなく，さらに次に述べる適性検査の結果，興味，身体条件その他が重要な資料となることはいうまでもないことである。

Ⅲ 適性検査

1 適性と適性検査

適性（aptitude）とは，学業や職業においての個人の将来の業績を予測するものとして考えられる現在のその個人の特性をいう。前述した知能も，今日，学業や職業に成功する可能性として考えられ，結局一種の適性として取り扱わ

---

* アメリカ最高裁は，1971年，企業の採用試験の資料として知能検査を使用することにつき，それが職業における将来の成功的業績と著しい関係をもつという基準が示されていない場合は，これの使用を禁止することを決定したが，しかしその職業に対して知能検査が予測的妥当性を有し，また黒人にも特に不利でないものであれば，その使用を認めた。アメリカ心理学会もこの決定に賛意を表した。

れていたのであるが，ここでいう適性は，さらにいっそう具体的に，数学に対し，英語に対し，音楽に対し，あるいは機械を扱う職業に対し，看護師として，弁護士として，その個人が適するような能力・性能をもつかどうかを問題とする。はっきりいえば，具体的に学業指導や進路指導を目標として，個人の現在の性能を問題とするのである。

すでに述べたように，人は一般知能のみではなく，特殊知能を有している。一般知能のいかんによらず，特に音楽に才能をもつ者もあれば，記憶力に長ずる者もあり，機械的技術に優れた者もあれば，弁舌の雄もいる。これらの特殊知能や特殊才能は，これを職業や学校種別の選択にうまく生かせば，一般知能に劣らない，むしろそれ以上の役割を発揮するであろう。

個人の適性を形成するものとしては，特殊知能がもっとも重要なものであることは事実である。ときによっては，適性検査のことを特殊知能検査と呼ぶのもそのためであろう。しかしながら，適性を形成するものは特殊知能のみではなく，感覚機能・健康・体力から，さらに興味・気質・性格・意志までこれに関係する。こう考えると，知能は適性の一部となり，適性検査は知能検査よりもいっそう包括的な，これより上位概念ともみることができ，現にそのように取り扱っている学者もいる。

適性は，このように個人の将来の成功を予言し得ると考えられる現在の特性であり，適性検査はその適性を測定評価する用具である。したがって，適性検査は予診とか予知ということを第一の生命とするテストである。また，適性検査は知能検査と異なり，単一の知能指数などで一般的知能水準を明らかにするというようなことではなく，分析的に個人の性能の特質をさぐり出すものでなければならない。

2 適性検査の種類と利用

適性検査は，職業選択や学校選択を目標として個人の適性を予知するものでなければならないから，自然いろいろの職種や学業に応じてテストが考えられ，したがって適性検査の種類も，理論的にはいろいろになるわけである。たとえば，一般職業適性検査のほかに事務的職業適性検査，機械的職業適性検査，運転士適性検査，医師適性検査，教師適性検査というように。

第4部 知能・適性・人格の評価

(1) 一般職業適性検査

職業適性検査（occupational aptitude test or trade test）は，一方，人間の性能の因子分析，他方それぞれの職業の要求する因子分析の2つの研究に基づかねばならない。後者の分析を職業分析（job analysis）という。1つの職業はある1つの性能因子でよいということはなく，あるウエートをもって組み合わされた数個の因子を必要とするであろう。

そこで，適当な職業適性検査を実施して各人の性能因子を検査し，その結果をある職業の要求している性能因子と照合してみることで，その個人がその職業に適するか否かを決めるのである。

こうした考えに基づいて作成されたのが，表9.2に示す，厚生労働省編職業適性検査（GATB）である。

表9.2 GATBで測定される9つの適性とその内容（日本労働研究機構のHPより）

［認知系］
○G—知的能力（一般的学習能力）
○V—言語能力（言語の意味およびそれに関連した概念を理解し，それを有効に使いこなす能力。言語相互の関係および文章や句の意味を理解する能力）
○N—数理能力（計算を正確に速く行うとともに，応用問題を推理し，解く能力）
○Q—書記的知覚（言葉や印刷物，伝票類を細部まで正しく知覚する能力。文字や数字を直感的に比較弁別し，違いを見つけ，あるいは校正する能力。文字や数字に限らず，対象を素早く知覚する能力）

［知覚系］
○S—空間判断力（立体形を理解したり，平面図から立体形を想像したり，考えたりする能力。物体間の位置関係とその変化を正しく理解する能力。青写真を読んだり，幾何学の問題を解いたりする能力）
○P—形態知覚（実物あるいは図解されたものを細部まで正しく知覚する能力。図形を見比べて，その形や陰影，線の太さや長さなどの細かい差異を弁別する能力）
○K—運動能力（眼と手または指を共応させて，迅速かつ正確に作業を遂行する能力。眼で見ながら，手の迅速な運動を正しくコントロールする能力）
○F—指先の器用さ（速く，しかも正確に指を動かし，小さいものを巧みに取り扱う能力）
○M—手腕の器用さ（手腕を思うままに巧みに動かす能力。物を取り上げたり，置いたり，持ち替えたり，裏返したりするなどの手腕や手首を巧みに動かす能力）

(2) 教科適性検査およびレディネス・テスト

適性検査の考えを各教科の学習についてまで推し進め，ある生徒のある教科においての将来の成功・失敗を事前に診断し，それに基づいて適当な対策を講ずる予知テストの作製も不可能ではない。たとえば，数学適性検査，外国語適性検査，国語適性検査，理科適性検査のごとくである。最近わが国で標準化されている音楽素質診断テストやアート・テストも，教科適性の一種とみてよいであろう。

さらに，近年はレディネス・テストの考案が進められている。それは，初めてこれからある教科の学習に入ろうとするにあたり，その教科を成功裡に学習し得るだけの精神的成熟すなわち準備（readiness）ができているかどうかをテストし，もしできていなければ，どの点の準備がなされねばならないかを明らかにしようとする。わが国でも，読みや算数についてのこの種のテストは考えられている。

(3) 職業興味検査

職業的興味は狭義での職業的適性とはこれを区別しなければならないが，職業での成功失敗を左右する重要な要件であるので，ここで併せて取り上げておこう。わが国でも，数種類の職業興味検査が公表されている。

職業興味検査が，その将来の職業の成功に対してどのくらいの予測的妥当性を有しているかについては，多数の学者の研究があるが，いずれも相当高い予測性を有していることを示している。ただ，これを利用する場合の問題は，検査当時の対象の年齢程度である。ストロング（Strong, E.K.）の研究では，25歳から55歳まで10年おきに調べたものではごくわずかの変化であったが，15歳から25歳まではその職業興味に大きな変動が現れた。すなわち早期の職業興味検査は予測性が低いので，注意を要する。したがって，この検査は小学校段階ではあまり意味がないであろう。

Ⅳ 学習適応性検査

知能も適性も，比較的安定した基盤的な能力として考えられてきた。しかし，学校で身につける能力の１つである学力を射程に入れると，知能と適性との関

係だけから学力を考えるのでは十分とはいえない。これらは，操作することが難しく，生徒を分類することくらいにしか使えないからである。なお，これが検査使用を過度に抑制してしまっている不幸な現実が日本にはある。

それはさておくとしても，学力に影響する要因は，より広範に及んでいる。生徒の学力向上のための具体的な指導には，知能や適性以外の，教師や保護者，さらには生徒自らが操作可能な要因にまで配慮することが必須となる。

ここで紹介する学習適応性検査（Academic Adjustment Inventory；AAI）は，こうした観点から辰野千壽によって開発されたものである。

1 学習適応性検査の構成

本検査は，大きく3つの領域から構成されているが，主となるのは，学習に直結する「学力向上要因の診断」の領域である。あとの2領域「原因帰属」と「学習スタイル」は，学習活動の背景にあって間接的ではあるが，持続的に影響を与えているものである。

(1) 学力向上要因の診断

学力向上要因を，以下の4つのカテゴリーに分け，診断できるようになっている。

・学習態度……勉強への意欲，勉強の計画，授業の受け方
・学習技能……本の読み方，ノートの取り方，勉強の技術，テストの受け方
・学習環境……勉強をめぐる家庭，学校，友人関係
・精神・身体の健康……自主的態度，根気強さ，心身の健康

いずれの要因も学習に直接的に影響しているだけに，その的確な診断は，ただちに学習活動の改善につながる。

(2) 原因帰属

ワイナー（Winer, B.）による原因帰属理論に従って，成功失敗時の原因を，能力，努力，課題の困難度，運のいずれに帰属させる傾向があるかを診断できるようになっている。

原因帰属の傾向は，学力に直接影響を与えるものではないが，これが学習への好ましくない学習観や信念を形成して学習への動機づけを困難にさせることが知られているので，看過できない。

(3) 学習スタイル

生徒の学習の仕方にはスタイルがある。本検査では，2つの観点からみた学習スタイルの診断ができるようになっている。

1つは，ケーガン (Kagan, J.) による認知型である。情報処理のくせに着眼したものである。「衝動型」は短時間での浅い処理をする傾向。エラーが多い。「熟慮型」は時間をかけた深い処理をする傾向。エラーが少ない。

もう1つは，記憶型である。覚えるときのくせに着眼したものである。「視覚型」は情報を見て覚えるタイプ，「聴覚型」は情報を聞いて覚えるタイプである。

2 学習適応性検査の位置づけと活用の仕方

学校で行うべきことは，知能や適性の向上ではなく，学力の向上である。そのために教師が行わなければならないことは，生徒の状況を的確に診断することと，それに基づいて効果的な指導をすることである。

知能検査，適性検査には，精度の高い診断機能はあるが，それを効果的な指導につなげる手立てはそれほどあるわけではない。その点では，ここで紹介した学習適応性検査は，診断だけでなく，それを生徒の学力向上につなげる具体的な治療指導の方策が示されているので，学校現場での活用にとっては有効である。

■引用文献
厚生労働省編　一般職業適性検査 (GATB) http://www.jil.go.jp/seika/tekisei/GATB.htm
辰野千壽　NEW AAI　新版学習適応性検査　図書文化

第4部 知能・適性・人格の評価

第10章 性格・行動・道徳の評価

I 人格評価の目標

本章で取り上げる問題は，いわゆる人格（personality）の評価方法である。人格の評価目標の分類は，人格なるものの複雑性ゆえに，すっきりとした分類は困難である*。以下の分類でも重複するところがあり，かならずしも満足できるものとはいえない。

1 気　質

個人の情緒的反応の特質で，かなり遺伝的・素質的であり，また体質との関連も見逃せない。気質（temperament）は，古来いろいろに分類されているが，今日もっとも広く用いられているのは内向性，外向性の分類であろう。

2 情　緒

気質とまったく別ではないが，情緒の安定性―不安定性とか，神経症傾向とかの情緒（emotionality）の異常性に注目して，その測定・評価が考えられている。

3 欲求・葛藤・コンプレックス

欲求（need）・葛藤（conflict：コンフリクト）・コンプレックス（complex）

---

* 元来，パーソナリティの語はギリシャ語のペルソナ（persona）から出たものであり，それは俳優の用いる仮面の意味であったとされる。必要に応じて，その場合場合に応じた仮面をかぶって，適当に行動することからきている。場面場面にふさわしい行動や態度がとれるというところにパーソナリティの1つの特質を見いだすことができる。

などの人格深部の，むしろ無意識的な機制であって，これも1つの測定対象である。

4 適応性

自分自身，他人，家庭，学校，社会やその秩序や理念等に対する適応性（adaptation or adjustment）であって，それは人格の健全性の指標ともなる。よく適応した人格は，自分を知り適当な自信と自制力を有している。また，仲間にも受け入れられ，適当な地位と尊厳を得ている。そして，道徳的にも優れている。学校や家庭とも調和している。悩みや不平不満が少なく，伸び伸びとした幸福な生活感情に浸っている。これらが適応していることの徴候である。結局のところ，適応とは，個人とその個人が属している社会環境との間に均衡や調和のとれた状態であるということができる。

5 態度・興味

態度（attitude）と興味（interest）は，学習評価の対象であるが，人格評価においても評価の対象となる。その概念については，すでに述べたとおりである（133ページ参照）。

6 行　動

上記の適応性の説明からも理解できるように，人格それ自体というようなものは考えられないのであって，それは行動（behavior）とか表現とかのかたちでとらえられるものである。ことに，道徳的・価値的人格を考える場合，終局においてそれが行動や実践に表現されなければ意味がない。

行動の見地から人格を評価する場合の評価項目の典型的な例は，小・中学校ならびに高等学校の指導要録の中の「行動の記録」の項目であろう（巻末付録参照）。

7 道徳性

道徳性（morality）とは，個人がその一員として生活する社会の規範と一致する行動を行うように，主体の中に形成された人格の傾向や性能ということが

できる。もっと簡単にいえば，社会規範に合致するような人格の特性である。さらに分析的にいえば，社会の規範に合致するような判断・心情・態度・習慣などが道徳性の構成内容となる。

　以下の節では，これらの評価目標について，その評価の具体的方法を述べるが，①一般に，主として素質的または傾向的なものとしてみられているところの，気質・情緒・欲求および適応性は「性格検査法」の見出しで次節で取り扱い，②次に，むしろ価値的または教育的見地から考察されることの多い行動と道徳性については，節をあらたにして取り扱うことにしよう。

　その前に，人格の評価や検査についての一般的な注意点についてふれる必要がある。その第1は，プライバシーを侵害しないようにすることである。人格評価の領域には，たとえば家庭環境に関するもの，両親の学歴・職業，本人の性癖や障害など，プライバシーの侵害につながるおそれのあるものが多い。プライバシーは尊重されなければならないが，同時に教育目標の達成上これらについての情報もまた必要である。必要な情報については，関係者の理解を得て適切に収集するとともに，収集された情報については厳重に管理することが重要である。

　第2の注意点は，この領域の評価の信頼性・妥当性をどのように高めるかということである。人格評価の信頼性・妥当性を低下させる原因としては，①適応性，情緒，道徳性等，評価しようとする概念が評価する人によって異なること，②生徒が建前で回答して本音をいわないこと，③質問文や選択肢には「しばしば」「まれに」「ふつう」「ときどき」というような頻度や程度を表す言葉が多く，人によってこれを異なる頻度や程度に受け取ってしまうことなどが考えられる。①については，前もってそういった概念について具体的な説明をする機会をもつこと，②については，検査者と被検者との関係をよいものにすることや，社会的望ましさ（social desirability）を測定する検査を併用し建前で回答する傾向を是正すること，③については，具体的な説明をしたり図解をしたり，さらには年少者においては複雑な評定法は使わず「はい」か「いいえ」の二件法で回答させること，などによってかなりの程度は改善されるものと思われる。

Ⅱ 性格検査法

　本節では,いわゆる性格検査の中でも,学校教育において利用価値の高いものを紹介する。取り上げる順序は,質問紙法,作業検査法,投影法の順である。質問紙法では,気質や情緒との関連が指摘される抑うつや不安が測定できる「抑うつ傾向検査」と「不安検査」,適応性が評価できる「適応性検査」,性格を多面的に評価できる「総合的な性格検査」を紹介する。作業検査法では,性格の意志的側面が評価できる「精神作業検査」,投影法では,欲求や葛藤やコンプレックスなどを含めた性格の無意識的側面が評価できる「ロールシャッハ・テスト」と「絵画統覚検査」と「文章完成検査」を紹介する。

1　質問紙法
(1)　抑うつ傾向検査

　抑うつ (depression) とは,簡単にいえば,落ち込んで何事にも意欲がなくなった状態のことである。ここで扱うのは「抑うつ傾向」であり,抑うつのうちでも軽い状態のものである。生徒の抑うつ傾向はコバックス (Kovacs, M.) によって開発された「子ども用抑うつ傾向測定目録 (Children's Depression In-

表10.1　CDI 日本語版の項目例と採点法(桜井, 1995)

　これは,あなたの気持ちを調べる質問紙です。全部で27の問いがあります。それぞれの問いには,3つの短い文章があります。<u>2週間ぐらい前から今日までの</u>,あなたの気持ちをふりかえり,もっともよくあてはまるもの(文章)を1つえらび,○をつけてください。かならず,1つの問いに1つの○をつけてください。正しいこたえとか,まちがったこたえはありませんから,正直にこたえてください。

1. (0)　悲しいときもあった。
   (1)　何回も悲しくなった。
   (2)　いつも悲しかった。

2. (2)　どんなことでも,やりとげることはできないと思っていた。
   (1)　いろいろなことが,やりとげられるかどうか,わからなかった。
   (0)　ものごとは,やりとげることができると思っていた。

注)　解答欄の 0 ～ 2 の数字は得点を示す。

ventory；CDI)」によって測定することができる。これは自己評定式の質問紙検査であり、日本語版（桜井、1995）が作成されている。表10.1に示されているように、この検査では各質問項目に3つの短文があり、そのうちから自分にあてはまるものを1つ選ぶという形式で実施される。27項目で構成されており、得点の範囲は0～54点であるが、20点を超えると抑うつ傾向が強いといえる。その場合には専門家に相談することが望ましい。

(2) 不安検査

従来、質問紙法によって測定できる不安とは、特性（個人差）としての不安（特性不安：trait anxiety）であったが、スピールバーガー（Spielberger, C.D.）らの努力によって、状態としての不安（状態不安：state anxiety）も質問紙によって測定できるようになった。特性不安というのは文字どおり特性としての不安であり、多少の時間経過では変動しない安定した不安とされる。一方、状態不安とはちょっとした出来事によっても変動する一時的な不安である。後者の状態不安は、従来皮膚電気反射（GSR）や心拍などの生理的な指標によって測定されていたが、このような質問紙の開発によって小・中学校の教室でも容易に測定できるようになった。

たとえば、桜井ら（桜井・高野、1985；桜井、1990）は、清水・今栄（1981）が作成した大学生用の状態不安尺度を児童用に修正し（表10.2）、これを小学6年の3クラスで、朝の学級会のときと3時限目の授業（1クラスは国語の授業、残りの2クラスは算数の授業）のとき、

表10.2 児童用状態不安尺度の項目
（桜井，1990）

①	おだやかな気分である。
②	安心している。
3	きんちょうしている。
4	くよくよしている。
⑤	ほっとしている。
6	どうてんしている（まごついている）。
7	何かよくないことが起こりそうで心配している。
⑧	ゆったりした気持ちである。
9	不安である。
⑩	気分がよい。
⑪	自信がある。
12	ピリピリしている。
13	いらいらしている。
14	こうふんしている。
⑮	リラックスしている。
⑯	満足している。
17	何か心配である。
18	とてもこうふんして、うろたえている。
⑲	ウキウキしている。
⑳	たのしい。

注）番号についている○は、逆転項目であることを示す。本尺度は、「はい」「どちらかといえばはい」「どちらかといえばいいえ」「いいえ」（4～1点）の4段階評定である。

都合2回実施した。そしてすでに実施されていた内発的―外発的動機づけ測定尺度（桜井・高野，1985）との関係を検討した。その結果，朝の学級会のときの状態不安と内発的動機づけとは無関係であったが，授業時の状態不安と内発的動機づけの間にはマイナスの関係が認められた。このことは，児童が学校へ行った当初は状態不安と内発的な動機づけとの間に関係はないものの，授業を受けているうちに，内発的動機づけの弱い児童は不安が高まり，内発的動機づけの強い児童は不安があまり高まらないことを示している。個人差としての内発的な動機づけが弱い児童ほど小学校の授業を受けることによって不安が高まっていくのであろう。

そのときそのときの不安（状態不安）を容易にとらえられる状態不安尺度は，ストレス状況やストレス要因の発見，精神的な健康の増進，さらには授業の改善などに大いに役立つものと期待される。

(3) 適応性検査

適応性の評価は，人格評価のうちのきわめて重要な領域である。なぜなら，すべての生徒を対象に，自分自身・友人・学校・学習・教師・社会などに適応させること，その適応に失敗しているいわゆる問題生徒を指導することが学校における生徒指導のもっとも重要な任務となるからである。

これらの諸環境に対する生徒の適応性は，教師その他の人たちの平常の観察，評定，逸話記録，さらには面接やゲス・フー・テストや質問紙などによって評価することができるし，また，それはきわめて効果的な方法であるが，標準化された適応性検査（たとえば，高野ほか，1992）を利用することも便利である。標準化された検査はコンピュータ診断となっているものが多く，多様な分析によって有益な情報を入手できる。ただ，実際にどのような処理が行われているかを教師自身が知っておくことは重要である。

(4) 総合的な性格検査

性格検査の名称で公刊されている標準検査が，現在わが国にはいくつも存在し，しばしば利用されている。たとえば，矢田部-ギルフォード性格検査（Y-G性格検査；対象は小学生から成人）や本明-ギルフォード性格検査（M-G性格検査；対象は小学生から高校生）はよく利用されている。しかしながら，これらの性格検査は，これまで述べた抑うつ傾向検査，不安検査，適応性検査な

どとまったく別のものではない。抑うつ傾向，不安，適応性などを含めて，かなり包括的な性格全般にわたる検査となっている。

　前述の適応性検査とこの性格検査が，わが国における性格に関する標準検査の二大類型であり，いずれも質問紙形式によっていて使用も簡単で，それだけ広く利用される状況にある。

2　精神作業検査

　質問紙法による自己診断検査や観察法に基づく評定法の欠点を補う検査として，作業検査法（performance test）による性格検査が考案されている。この方法は，評価者の意図が被検者に隠されていて意識されないという長所をもつ反面，検査状況が実験的に狭く制限されており，性格の一部しか測定対象とすることができないという短所をもっている。

　この方法の代表的なものは「内田クレペリン精神作業検査」である。これは1902年に発表されたクレペリン（Kraepelin, E.）の精神作業に関する研究をもとに内田勇三郎が開発した検査で，当初は健常者かどうかを判定するものさしとして用いられていた。しかし，現在ではそういった判定よりは作業曲線の特徴によって，性格の意志的な側面をみる検査として定着している。

　この検査は，単純な加算作業を多数試行させ，単位時間ごとの作業量を調べて作業曲線を描き，休憩前と休憩後の2つの曲線の特徴によって性格を評価する。作業曲線（図10.1）は，緊張・興奮・疲労・初頭努力・終末努力・練習・慣れなどいろいろな要因に影響される。一般に，意志の強い人は，努力が持続するため作業量に極端な変化がみられないという。検査の信頼性は高く，性格検査として今日好評を得ているものの1つであって，教育診断や人事管理上の利用価値が高いといえる。しかしながら，その結果の解釈には相当の熟練を必要とする。

3　投　影　法

　投影法（projective techniques）とは，あいまいな図形や絵を見せて，それに対する反応から広い意味での性格をとらえようとする検査方法である。精神分析の考え方を基礎にしており，被検者が意識していない欲求や葛藤やコン

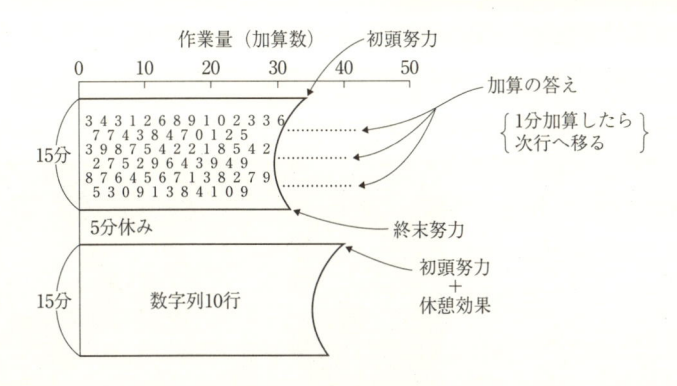

```
           作業量（加算数）    初頭努力
      0   10   20   30   40   50
     ┌──────────────────────────┐
     │  3 4 3 1 2 6 8 9 1 0 2 3 3 6 ┈┈┈        加算の答え
     │  7 7 4 3 8 4 7 0 1 2 5   ┈┈┈        ┌1分加算したら┐
15分 │  3 9 8 7 5 4 2 2 1 8 5 4 2 ┈┈┈        └次行へ移る   ┘
     │  2 7 5 2 9 6 4 3 9 4 9
     │  8 7 6 4 5 6 7 1 3 8 2 7 9 ┈┈┈
     │  5 3 0 9 1 3 8 4 1 0 9
     ├──────────────────────────┤
     │ 5分休み                   終末努力
     ├──────────────────────────┤
     │                            初頭努力
15分 │  数字列10行                   ＋
     │                            休憩効果
     └──────────────────────────┘
```

図10.1 内田クレペリン精神作業検査の定型曲線（次郎丸・海保，1986を修正）

プレックスなどをとらえることができる。投影法は何を検査されているのかが被検者にわからないため，作為的な反応がされにくいという利点がある。しかし，検査の実施，結果の処理，解釈には時間がかかり，熟練を要する。

(1) ロールシャッハ・テスト（Rorschach test）

1921年，ロールシャッハ（Rorschach, H.）によって考案されたもので，この種の検査の中ではもっとも広く利用されている。わが国においても，戸川行男・本明寛の考案した方法などがある。

この技術は，投影させるためのあいまい刺激として，図10.2に例示したような左右対称の「インクじみ像」を何枚か用いる。それを1枚ずつ被検者に提示し，何の制約もしないで自由に，「何に見えるか」「何のように思われるか」「何を思い出すか」等を答えさせるのである。その答えをいろいろな観点から分析・分類し，定められた解釈規準に従って解釈することによって，当人の性格・欲求・コンプレックスなどについて診断を行うことができる。

図10.2 インクじみ像の例

(2) 絵画統覚検査（Themantic Apperception Test；TAT）

主題統覚検査ともいい，英語の頭文字を取って「TAT」と呼んで親しまれている。マレー（Murray, H.A.）によってはじめて考案された。用いられる刺激は，何枚かの印象的に描かれた絵（図10.3）であって，これを1枚ずつ提示し，「何が起こっているか。どうしてそのようなことになったのか。絵の主人公は何を考えているか。これからどうなっていくか」というようなことを中心に物語を作らせるのである。作られた物語の内容や構造について，定められたいくつかの観点から分析し，当人の顕在的または潜在的な欲求・防衛機制・葛藤・コンプレックスや性格を知ろうとするものである。

図10.3 TAT の図版例（部分，佐野・槇田，1961）

しかしながら，その解釈には専門的な知識と多くの経験を必要とする。大人用の検査のほかに，子ども用の検査（Children's Apperception Test；CAT）も開発されている。

(3) 文章完成検査（sentence completion test）

投影法の中では文章完成検査もしばしば用いられる技術である。この方法は次に例示するような不完全な文章を提示して，自由にそれを補充させ，その結果に基づいて当人の欲求・感情，対人的および対社会的態度や適応状況などを診断する。

[例] (a) 私は，＿＿＿＿＿のとき幸せである。
(b) 私を悩ますものは，＿＿＿＿＿である。
(c) 学校では，＿＿＿＿＿。
(d) 大きくなったら私は，＿＿＿＿＿。

III 行動・道徳の評価法

本節では，行動と道徳性の評価方法について具体的に紹介する。

1 行動の評価法

わが国の小・中学校および高等学校の指導要録の中に，行動に関する記録欄が設けられていることにより，児童生徒の行動に関する評価は，すべての教師にとって重要な関心事となっている。行動の評価は，次に述べる道徳性の評価と並んで，ともに強く教育目標や価値に関する分野であって，学校における人格評価の領域としては，必須の領域であるといえよう。

行動評価の方法には3つの方法が考えられる。1つは，主として教師が平常の観察に基づいて行う評定法であり，第2は，生徒自身の自己評価法であり，第3は同級生の相互評価法（普通はゲス・フー・テストを用いる）である。

元来，行動の評価は困難な仕事であるため，どれか1つの方法だけで十分ということはない。理想をいえば，上記の3つの方法を総合的に用いるのがもっともよいといえる。

この3つの中の教師評定法はもちろん，生徒の相互評価法にしても，結局は日常の行動の観察に基づくことになるが，それをどういう場面において観察するかが問題となる。それは教室の学習場面，集団学習場面，作業場面，運動場で遊んでいる場面あるいは校外生活場面等各方面にわたっているが，その重要な観察や評価の場面として特別活動の場――たとえば，学級会活動，生徒会活動，クラブ活動，各種の学校行事等――があることを忘れてはならない。特別活動はそれ自体で1つの教育評価の領域ともなるが，同時にここでいう行動評価のための有力な観察場面でもある。

(1) 教師の評定の方法

教師の評定は，教師が平常生徒の行動をよく観察しておくことを前提として，結局は評定尺度や評定票（チェックリスト）を用いて，適当な段階に評定することになる。もし評定尺度によるのであれば次のようにする。

① 自主性・責任感・協調性など，評定しようとする行動特性の意味と概念

をはっきり規定し，さらにその具体的内容（行動特徴）を分析して，その中の重要なもののいくつかを具体的な評価目標として設定する。

② これらの行動特徴がもっとも顕著に現れそうな行動場面や機会を2つあるいは3つ選定して，そこで証拠を探す。

③ その各場面について，短文で具体的に行動の程度や質を規定した3または5の段階の評定尺度を用意する。

④ この評定尺度に照らして，一人一人の生徒を評定する。

こうした評定尺度による方法はもっとも詳しい方法で結構ではあるが，煩わしい嫌いがあるので，多忙な教師からは敬遠される傾向もある。そこで，上述の手続きのうち，①と②だけを用意して，それから一挙に3段階か5段階で評定を行う評定票が広く利用されている（図10.4）。

責任感について
行 動 特 徴
1. 自分の言動に責任をもつ
2. 自分の役目を自覚してよく果たす
3. 約束をよく守る
観 察 場 面
1. 宿題やひとから何か頼まれたとき
2. クラスでの共同作業や仕事のあとしまつ
3. クラスや学校の役員になったとき
A　　　　　　B　　　　　　C

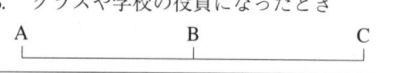

図10.4　教師の評定票の例

(2) 生徒の自己評価の方法

行動に関する自己評価の技術としてもっとも優れているのは自己診断テストによる方法である。自己診断テストによる行動評価は，その結果の信頼性の見地からいえば，問題があるといわれる。その理由はたぶん，大部分の生徒の自己診断は信頼がおけるが，一部の優れたあるいは問題をもつ生徒の中には自己診断を客観的に行わないことがあることにあるだろう。優れている生徒の中には自分をよく見せようとする傾向の強い生徒がおり，一方，問題をもっている生徒の中には自分を悪く見せようとする傾向の強い生徒がいるからである。

(3) 生徒の相互評価の方法

相互評価法のもっとも優れた用具はゲス・フー・テストである。ゲス・フー・テストは一般的にいって，行動評価のあらゆる技術の中で，もっとも信頼性の高い方法であるといえる。ただし，その利用には注意を要する。それは級友相互間の評価であるため，クラスの中に他人を陥れるような空気を作ってしまう可能性があるからである。このテストの趣旨を誤解しないように，十分に

> 秋夫君が歩道橋を上り始めると，前の方に，おばあさんが重そうな荷物を持って上っていくのが見えました。秋夫君は，そのおばあさんを見ながら上っていきました。

問1 秋夫君は，おばあさんを見たとき，どんな気持ちだったでしょうか。

ア　どうしよう，こまったな。
イ　重そうだから何とかしてあげようかなあ。
ウ　早く行って，荷物を持ってあげたい。
エ　元気なおばあさんだなあ。

問2 秋夫君は，荷物を持ってあげることにしました。そのときどんなことを考えたでしょうか。

カ　持たないと，だれかに何か言われそうだ。
キ　こういうときは，持ってあげるのがよい。
ク　重い荷物を持ったおばあさんに会わなければよかった。
ケ　持ってあげると，おばあさんは助かるだろう。

図10.5　道徳性検査の問題例（青木ら，2000）

理解させてかかる必要がある。小学校よりも中学校以上において特に注意が必要であろう。

2　道徳の評価法

広く，道徳の評価とか道徳教育の評価という場合には，道徳的判断や心情などの主として道徳の「意識面」と，実践や習慣など主として道徳の「行動面」との二面が問題となる。そして，道徳性という場合には，このうち主として道徳の意識面を意味することはいうまでもない。

道徳の行動面の評価法は，上述の行動評価の方法とまったく同じであって，教師の評定，自己診断テスト，ゲス・フー・テストなどがそのまま妥当するこ

とになる。

　しかしながら，道徳の意識面，すなわち道徳性の評価ということになると，その方法はかなり異なってくる。道徳の意識面は，さらに，①客観的な道徳的判断力や道徳的知識の面と，②主観的な道徳的態度や心情の面の2面に分けられる。このうち，前者の道徳的判断や知識の面であるならば，普通の知識や判断力や思考に関する学力テストと同様に論文体テストや客観テストによって評価することができる。しかしながら，後者の主観的な道徳的態度や心情になると，自己診断テストのような方法によるほかない。

　ところで，公刊されている道徳性検査はいくつかあるが，青木ら（2000）による「教研式 新版道徳性検査」では，上述したように道徳性を道徳的心情と道徳的判断力の2面から評価しようとしている。図10.5に示されているのは小学5・6年用の問題例であるが，問1で道徳的心情を，問2では道徳的判断力をみている。

■引用文献

青木孝頼ほか　2000　教研式新版道徳性検査（ニューヒューマン）　図書文化

桜井茂男・高野清純　1985　内発的－外発的動機づけ測定尺度の開発　筑波大学心理学研究，7，43-54．

桜井茂男　1990　内発的動機づけのメカニズム―自己評価的動機づけモデルの実証的研究　風間書房

桜井茂男　1995「無気力」の教育社会心理学―無気力が発生するメカニズムを探る　風間書房

佐野勝男・槇田仁編　1961　精研式主題構成検査図版（TAT）金子書房

清水秀美・今栄国晴　1981　STATE-TRAIT ANXIETY INVENTORY の日本語版（大学生用）の作成　教育心理学研究，29，348-353．

次郎丸睦子・海保博之　1986　5章　性格を育てる　杉原一昭・海保博之編　事例で学ぶ教育心理学　福村出版

高野清純ほか　1992　生徒理解カード（ポエム）　図書文化

第5部

学級・学校経営の評価

第11章 教育計画の評価・学校経営の評価

I 教育計画の評価の意義と必要性

1 教育計画の評価の意義と特質

　教育計画は，教育目標のよりよい実現に向けて，教育にかかわる諸条件を検討したうえで練り上げられるが，いかに慎重に企画したものであっても，それが万全のものであるとの保証はない。したがって，教育計画は，いったん設定すればそれでよいというものではなく，実施した結果（目標実現の状況）に鑑みてこれを改善し，またその結果を再検討し改善を図るということを繰り返していくべきものである。

　教育計画の意義にはいろいろあるようであるが，ここではカリキュラムとその実践に関しての計画を指すものとし，したがって教育計画の評価はカリキュラム評価（curriculum evaluation）とほとんど同じものとしておこう。

　これは，外国においては従来から非常に重視されてきた評価領域であるが，わが国においては，これまであまり関心が向けられていなかった。外国とわが国のこの違いは，納税者としての権利意識――税金に見合った教育が施されているか否かを知る権利――の違いによるものとの見方もできるが，検定教科書の存在が大きく影響していたとも考えられる。なぜならば，昨今の教育改革，特に「総合的な学習の時間」の創設を機に，わが国においても，カリキュラム評価への関心がにわかに高まってきているからである。

　各教科には教科書があり，教科書は，学習指導要領に示された目標・内容を身につけさせるという，学校教育目標の実現にとって非常によくできている。そのため，本来は教材として扱われるべきものであるにもかかわらず，あたか

第11章 教育計画の評価・学校経営の評価

も具現化された教育計画と見なされて「教科書を教えればよい」という思いが無意識のうちに形成された結果，教育計画の評価への意識が薄められていたと思う。ところが，新たに創設された「総合的な学習の時間」は，各教科とは異なり，学習指導要領に目標だけが示されていて内容は示されておらず，教科書もない。そこで，その目標を実現させるための教育計画は，指導にあたる者が自らの手で策定せざるを得ず，自らの手で策定した教育計画が適切なものであるかを評価する必要性を感じだしてきているのである。「カリキュラム評価」をインターネットで検索したとき，「総合的な学習の時間」と関連したものが非常に多いことがそのことを物語っている。

このように，まず「総合的な学習の時間」との関連で注目され始めてきた教育計画の評価であるが，今次の教育改革のキーワードである「特色ある学校づくり」「学校の自己点検・自己評価」「学校評議員制度」「開かれた学校」「学校の説明責任」「学校選択制」などとの関連で，避けては通れないものとなってきている。

次に，教育計画の評価に必要な資料であるが，ここではかなり広い意味にとっておきたい。すなわち，すでに述べた１つの単元の指導計画の効果の確認資料から，１学期間あるいは１年間以上にもわたる教育計画の効果の確認資料までを含み，また，１つの学級，１つの学校における資料から，１地域，１府県，全国という広域にわたる資料までを包含するものとする。国立教育政策研究所が行う全国学力調査などで得られる資料は，国家レベルのカリキュラム評価の資料の典型的なものであるが，しかしこのような大規模なものばかりに限定するのは，教育改善の目的からいって得策ではない。

教育計画の評価を，これまで述べてきた各種の評価と比べてみると，そこにいろいろな相違・特質があることが目につく。これまで取り扱った評価は結局個人評価であって，一人一人の生徒に焦点づけられていたのに対し，教育計画の評価では学級・学校・地域・市県あるいは全国という集団の傾向に焦点づけられる。つまり，集団の目標実現の状況を確認して，それを通して教育計画のよしあしを判断し，改めるべき点を改めていくことになるのである。

また，その評価の主体者の点からみても，学力・知能・性格など，これまで取り扱った評価では，その生徒を指導する教師が常に主体者であるが，カリキ

ュラムの評価では，教師が主体者・責任者となる場合もあるが，市・県・国という広域のカリキュラム評価になると外部の第三者がその実施の主体者・責任者となる。こうして，のちに述べるように，カリキュラム評価の立案実施には内的評価計画（internal evaluation program）と外的評価計画（external evaluation program）の区別が生じる。

2 教育計画の評価の必要性

今日，世界各国はその未来を教育にかけ，教育政策からその輝かしい未来社会を創造しようとしているが，そのための手段はこれを優れたカリキュラムの開発や教員養成などに求めるほかはない。いってしまえば，これが今日，諸外国において，教育評価の領域中でカリキュラム評価に重大な関心が払われる理由である。初めに記したように，カリキュラムは力動的であるべきで，固定化してはならない。教育内容や方法は，その実施の結果でこれを改善し，修正して進まなければならないが，その決定のための情報を必要とする。ここに教育計画の評価の必要があるのである。

いま，仮に，ある町の小学校の算数の学力が，近隣のほかの地区の学校と比してかなり劣っていたとしよう。この場合，もしもこの学校が，自校の教育計画の効果の反省の目的での評価を何も行わなかったとすれば，なんら改善の手をうたれないまま，次の学年も，またその次の学年も，そのままその欠陥教育計画を持続するかもしれない。これでは犠牲になるのは子どもたちである。その学校も，教育委員会も，これでは自分たちの教育責任を果たしたとはいえないであろう。

第2に，公教育においては，教育委員や教師など，市民から教育の計画・実施を委任されている当事者は，自分たちが行った教育がはたしてどんな成果（出力）を上げているか，はたして世間並みの成果を上げ得ているか，どこか欠陥はありはしないか等について市民に報告する責任があると考えなければならない。この教育成果の報告責任は，納税者としての市民や国民の知る権利に淵源していると考えられる。

この教育関係者の，市民や国民に対する教育成果の報告責任（accountability）は，単に市民の知る権利に応えること自体を目的とするのではなく，終局のね

らいとしては、もし調査の結果、教育成果に欠陥があることが判明すれば、これまでの教育計画を反省してこれを改善することにあるのである。このためには、当然、学校・地区・府県・国等の一定期間にわたる教育の成果の評価を必要とする。いわゆる学力調査はその例である。詳しくは次節で述べるが、教育計画の評価の方法にはいろいろあり、教育成果の評価はその基本的・中心的方法である。ここに、教育成果の概念による教育計画の評価が必要とされる重要で強力な理由がある。

　前に、わが国では教育計画の評価が低調であったと述べたが、その最大の理由は、おそらく、わが国の市民や社会のこの教育成果の報告を要求する声が低調であったことに存するであろう。たとえば、わが国の学校では、一人一人の生徒の通信簿を出しているが、これはその父母が熱心に要求するからである。ところが、ここでいう教育計画の成果の報告は、いわば社会と市民全体に対する学校や教育委員会の公共的通信簿であるが、それを要求する声がわが国では、かつては、著しく弱かったのである。これではカリキュラム評価があまり行われなかったのも無理はないというものである。しかし、今次の教育改革によってその様相が一変しようとしていることはすでに述べた。

II　教育計画の評価の方法

　教育計画（カリキュラム）の評価の方法にはいろいろの類型が考えられる。それは、第1章の教育における評価の意義のところで示した図——教育における出力、入力および処遇（教育計画）の3者関係の図——から考えればすぐわかることである（11ページ図1.2）。

　1つは、文書に書き下ろされた教育計画そのものを直接に評価する方法である。たとえば、学校経営の評価とか学校評価とかいわれるものの大部分がこれであるが、それはのちに取り扱う。第2は、それが現実に生徒たちにどれだけの変化をもたらしたかという「成果」、あるいは出力（output）に基づいて評価する方法であって、この方法が実証的な方法である。これが、以下述べる教育計画の評価の本流となる。

　この第2の教育成果に基づく方法は、さらに、①成果（出力）だけの測定に

基づく方法，②出力と入力の両測度に基づく方法，③複数の教育計画を統制して求めた出力の測度に基づく方法，および④入力と教育計画の双方を統制して求めた出力の測度に基づく方法の4つの型に分けることができる。この中でも，一般的にもっとも多く用いられている教育計画やカリキュラムの評価の方法は①と②であるから，以下この2つの方法について，もう少し詳しく説明しよう。③と④の方法，その中でも特に④の方法は，いわゆる統制法であり，実験的なカリキュラム研究の方法であって，一般的な方法とはいいがたい。

1 教育成果（出力）の測定に基づく方法

この教育計画の評価の方法は，それが明らかにカリキュラム評価であるとの意識の有無は別問題として，たとえば「学力調査」のようなかたちでこれまでもしばしば行われてきた。この方法は，一定の教育計画で一定期間実施した成果の情報を，単に1回の総括的テストで求める方法であって，比較的簡単で実行が容易である。また，小にしては1つの学級，1つの学校から，大にしては府県，1国でも行える方法である。今後も，もっとも多く利用されるであろう。

この場合，その教育成果（出力）の評価法には2種類の用具が用いられる。1つは，内的評価計画の場合は教師自身，外的評価計画の場合は第三者の作問委員会等の手で作成された自作テストによる方法であり，ほかは既成の信頼おける標準学力検査を利用する方法である。国全体として実施する場合は，標準検査を実施してもその結果を比較して解釈する基準の関係上，それは無意味であるから，この場合はもっぱら作問委員会による自作テストにより，到達度評価式に評価するほかはないが，府県の単位以下の場合はこの2つの方法のどちらも利用することができる。教育計画の評価法としてこの2つの用具は，ここに詳しく述べる余裕はないが，互いに一長一短である。常に自作テストによる到達度評価が優れているとはけっしていえない。

2 出力と入力の両測度に基づく方法

教育成果（出力）の大小は，けっしてそこに導入された教育計画だけではなく，生徒たちの事前の能力・適性その他の入力によっても左右される。そこで上述の出力の測度のみに基づく教育計画の評価法は，厳密性に欠けているとい

わなければならない。

そこで、この両測度に基づく方法は、一定の教育計画を実施する前に、その計画を適用する学級・学校あるいは地域の生徒集団の入力の程度——たとえば既存の学力程度や知能程度など——を測定しておく。次に、その教育計画の実施後の生徒集団の出力（成果）を測定し、この両者の落差によって評価しようとする方法である。

この入力と出力による方法にも、理想をいえば、それは単一の教育計画の効果を示すのみで、それと比較される教育計画を欠いているということ等の欠点を有してはいるが、しかし比較的満足すべき方法である。

Ⅲ 教育計画の評価の実際

その教育計画を立案し実施した者自身の計画で行われる内的評価計画と、それ以外の第三者的機関で計画・実施される外的評価計画に分けて述べる。

1 内的評価計画

学級担任や教科担任自身が自学級について行う場合と、1つの学校の主体的立場で行う場合がそのおもなものとなる。

(1) 学級における教育計画の評価

① 単元指導計画の効果の評価

考えようによっては、1時間1時間におけるいわゆる形成的評価もすでにカリキュラム評価であるともいえるが、ここではそれは別にして、1つの単元の指導計画の効果の評価以上のものをカリキュラム評価の範囲として考えることにする。まさしくこれがカリキュラム評価の基本であり、それだけカリキュラム評価としての価値が大きい。これにも、具体的には次のような方法が考えられる。

第1は、単元指導が全部終了した時点で、問題を自作していわゆる総括的テストを行い、その結果を、あらかじめ考えた適当な到達基準——正答率で示す——によって到達度（絶対的）評価をし、その情報に基づいてその単元計画の成功・失敗、長所・短所等を評価して、今後の改善に資する

方法である。この方法についてはすでに第7章Ⅲ―4「単元の事後の評価」で述べた。

　以上の方法は出力情報のみによる方法であるが，第2に，事前・事後の両テストを実施して，入力・出力の両情報の組合せによる評価法を利用することもできる。これも，すでに第7章の同じところで述べた。この場合の評価の具体的方法には少なくとも2種類がある。その1つは，事前・事後の両テストの平均得点率を用いて授業全体の効果率を算出するものであるが，これについては第7章で述べた。ほかのもう1つの方法は，1つの目標あるいは問題についての効果率を算出するもっとも詳しい方法である。具体的に説明しよう。1問1問ごとに――したがって1つ1つの目標・内容ごとに――，事前テストですでにできた（成功した）生徒名を調べ，学級の全生徒数を (A) とした場合，その中で何人できたかを数え，その数を (B) とする。この事前テストですでに成功した生徒 (B) は，当然ここでの授業効果の評価に用いる資料からはずす。次に，事後テストにおいて，事前テストで失敗した生徒中何人ができたか，その数を調べて (C) とする。以上，A, B, C のデータから次の式によって，授業効果率を算出する。

$$授業効果率 = \frac{C}{A-B} \times 100$$

　この効果率がどのくらいであればその目標の授業は成功といえるかは，その問題で測定しようとする目標の重要度・困難度等により一概にはいえないであろうが，少なくとも基本的学力要素については85％から90％以上が要求されよう。効果率の著しく低い内容・目標については，治療や補強指導が計画される必要がある。

② 学期・学年末におけるその間の教育計画の評価

　この場合は，そこに用いる評価の用具上，①教師自作テストによる場合，②標準検査を利用する場合の2つに分かれる。

　教師自作テストによるのは，学期末あるいは学年末において，それまでに指導した全内容・目標から，重要なものを選んでテスト問題を作り，これを総括的テストとして行い，その結果を教師が設定した一定の到達基準に照らして解釈し，その間の指導の成功・失敗や長所・短所等を診断する

のである。要するに出力のみによって効果を確認し評価するというやり方である。

次に，標準検査を使用する場合は，学期ごとに標準化された学力検査が現在あまりみられないため，時期は多くは学年末となる。自分がこれまで実施した教育計画からみて適当と思う集団基準準拠検査かあるいは目標基準準拠検査のどちらか一方あるいは双方を実施し，①集団基準準拠検査を実施した場合は，その成績によって自己の教育計画が日本全国の水準との相対的比較でどの程度の成果を上げ得ているかを確認し，②目標基準準拠検査を実施した場合は，どの目標ではそれを達成し，どの目標ではそれを達成できないでいるか等を確認して，今後の教育計画の改善に役立てるのである。

しかし，これでは出力情報のみによっているので，その教育計画の効果についての正確な解釈はできない。そこで教育計画の実施開始時点におけるその学級の生徒たちの入力情報と合わせて確認・評価したいのであるが，標準化された検査を用いた場合は比較的簡単にそれが可能となる。すなわち，ふつう，学年初めの４月に前学年用の標準学力検査を行ってその結果を入力とし，学年末に現学年用の標準学力検査を実施してその結果を出力として，その両者の比較によって１年間行ってきた教育計画の効果を確認・評価するのである。入力情報は過去に身につけた学力に限定されるものではない。事前の標準学力検査に加えて知能検査の結果を用いるのも有効な方法である。また，地域環境の条件などを入力情報として出力の解釈に加味することも考えられる。

(2) 学校における教育計画の評価

校内の教職員が手分けして，自校の教育計画に関する文書資料等を点検するのも１つの方法であるし，また，平常各教師の観察所見を会議形式によって改善策をまとめていくのも，たしかに学校の教育計画の評価の方法である。次節で取り上げる学校評価は，主としてこのような方法をとっている。

しかし，いっそう客観的な方法として，ここでも学級におけるように，教師自作の総括的テストのようなテスト法を利用しようと思えばそれもできるはずであるが，いろいろな意味でその実行は困難であるかもしれない。そこで，学

校における教育計画の評価には標準学力検査が便利である。しかし，現在はもちろん，今後わが国においてカリキュラム評価の重要性が広く認められるようになったとしても，学校単位で標準学力検査をその用具として利用するためには全教師の理解が必要であろう。たとえば，ここで必要なものは学校全体の平均成績であって，個々の学級の平均成績ではないということを全職員に徹底させ，この趣旨に沿うような結果の処理をしなければならない。

さて，標準学力検査を利用するとしても，前述の学級の場合とまったく同様に，いろいろな方法がある。すなわち，学年末にこれを実施して求めた出力情報のみに基づく方法，この出力情報とその学年初めにとった学力に関する入力情報との組合せによる方法，また入力情報として知能検査その他を用いる場合が考えられるが，その要領は前記学級における場合と同じであるから省略する。1年間の学校の教育成果についての情報を，その地域社会やPTAに公表する態度が，今日，学校に望まれつつある。

2　外的評価計画

カリキュラムの外的評価計画は，1地区・市・都道府県・国などの広域的に行われる場合であって，それは第三者の計画で実施される。

(1)　多数の学校を含む地区・都道府県における教育計画の評価

学識経験者を含むプロジェクトチームを作り，その地域の一般共通的な教育課程の内容と目標に対し妥当性の高い問題を作り，いわゆる到達度評価法によって行うのがここでの1つの方法である。

しかしながら，カリキュラムのこのような到達度評価のためのよい問題を自作し，信頼性のある到達基準を設定することは町や市ではもちろん県の段階においてもそう容易ではないし，また多額の費用も要するという理由から，ここでも標準学力検査が利用されることが少なくない。標準学力検査には，その問題数が少ないとか，知識的目標に偏しているとかの弱点もあるが，全国的にみて自分の地域の成果がどうであるかを相対的に解釈するための相当高い信頼性をもった基準（norm）を具備しているから，カリキュラム評価法としてもたいへん便利である。すでに記したように，全国規模でのカリキュラム評価ではこのような標準学力検査を用いることは考えられないが，そのほかの場合には

第11章 教育計画の評価・学校経営の評価

これも利用できるということは，アメリカなどにおいても認められているように見受けられる。

こうして求められた町・市・県などにおける教育成果の情報は，それぞれ関係市民に公表して，その知る権利にこたえるぐらいの態度が今後は望まれよう。

「これはカリキュラムの評価である」との意識と目的がどれだけ明確であったかどうかはともかくとして，これまで，わが国の市や県でいくつかの学校や学級をサンプリングして標準学力検査を実施し，その結果（出力）に基づいて自市（県）の教育計画と実践の効果の，全国的にみた水準や長所・短所などを明らかにし，今後の改善に利用した事例はかなり多い。以前にある県で行われた例では，単に出力としての標準学力検査の結果のみでなく，同時に知能や学習適応性に関する情報をも収集しているが，これらを入力情報としてその学力の出力情報の解釈に利用すれば，入力と出力の両測度に基づくカリキュラム評価のみごとな方法であるといえよう。

(2) 全国規模における教育計画の評価

再三述べたように，ここでの評価資料は作問委員会によって作られた自作テストによって求めるほかはないし，したがって到達度評価によることになる。それぞれの教科における基礎的・基本的事項や，思考力・応用力や技能や態度に関する問題による学力調査を実施し，それぞれの目標における到達度，目標間の到達度の比較，地域差や男女差などに関する情報を求めて，国の教育課程の改善の参考にしようとするのである。調査対象の学校は，全国的に必要な数だけサンプリングされる。そして必要な資料は全国の平均点や傾向であって，個々の学校や学級の成績は問題にならない。すべての生徒にそのテストの全問題をやらせる必要もなく，適当に分割してやらせてもよい。

この種の学力調査は，初めに述べた教育計画の評価法の類型からいえば，結局，出力測度のみに基づく方法であって，ふつうこれに入力を加味されることはない。

わが国において，この種の評価計画の実施の事例は古くから，文部省，国立教育研究所，日本教職員組合（国民教育研究所）などの団体によって行われてきており，近年では，平成4年度から5年計画で文部省が実施した「教育課程実施状況に関する総合的調査研究」や，平成14年に文部科学省・国立教育政策

研究所が実施した全国学力調査がある。

ついでに，外国におけるこの種の教育計画の評価法の例もあげておこう。古くは，1930年代におけるアメリカの新旧両カリキュラムの効果の比較を行った著名な八年研究，また，アカウンタビリティーの要求にこたえる意味で計画されたアメリカ全国の規模における名高いナショナル・アセスメント（NAEP），さらに，多数の州で行われたミニマム・コンピテンシー・テストなどがこれである。

IV 学校評価

1 意義と特質

学校評価（school evaluation）の名称は，今日では「学校経営の評価」とするのが適当であるとの意見もあるが，いずれにせよ，それが前述の教育計画の評価と異なるところは，学校評価は教育成果（出力）の実際の測度に基づく評価法ではなくて，むしろ書かれた文書資料としての教育計画や，生徒の能力・適性的入力以外の学校環境的入力——施設・設備，予算，教職員等——の望ましさの評価に関したものであるということである。

したがって，学校評価は，教育成果（出力）を高めるための条件やお膳立ての評価であって，そのお膳立てがよければよい成果が得られる，という仮定の上に立っているといえよう。しかし，この仮定はかならずしも保証されるものでもない。もともと，わが国における学校評価の考え方の起こりはアメリカにあるが，そのアメリカにおいて，今日，この種の評価が出力の概念によるカリキュラム評価ほどには重視されていないように見受けられるのは，このような理由によるものと考えられる。

わが国での学校評価は，アメリカの研究に教えられて，1951年に，文部省の「学校評価基準作成協議会」によって初めてその試案が発表され，のち，栃木県，埼玉県，東京都などあちこちの県や市で研究された。しかし，わが国における学校評価も，また，その後いっこうに盛り上がらないでいる。しかし，たとえ学校評価が，教育成果の上がったことの最終的な証拠を示し得ないとしても，いぜんとしてその意義は認めなければならない。

第11章　教育計画の評価・学校経営の評価

2　学校評価の項目と方法

　学校評価の項目について考えるにあたって，まず，文部省がかつて示した学校評価の試案から見ていこう。文部省内学校評価基準作成協議会編の「中学校・高等学校　学校評価の基準と手引（試案）」では，評価項目あるいは評価の観点を次のように分析して示している。

　いちばん大きな分類である大項目として次のようなものを掲げる。学校や地域の考えによって，このほか，たとえば学校の教育目標，学校保健，学校行事，地域社会との関係，進路指導等を加えてもよい。

　1．教育課程　　2．教科指導　　3．生徒指導　　4．教職員　　5．施設
　6．管理　　　7．生徒活動　　8．図書館活動

　このおのおのの大項目を，さらにそれぞれいくつかの中項目（2位数で示す）に分析している。たとえば1.教育課程でいえば，

　11．計画と構成　　12．内　容　　13．評価と改善

　さらにそのすべての中項目は，それぞれいくつかの数の小項目（3位数で示す）に分析し，その小項目は，さらにまたそれぞれいくつかの目標に分析した。これが最後の分析であって，これについて評価者は別に定める評定基準によってチェック（評価）するのである。これを着眼点（4位数で示す）と呼んでいる。たとえば，第1大項目の第1中項目（すなわち11.計画と構成）は全部で5個の小項目に分析してあるが，その中の第1小項目とその着眼点だけを例示すれば，次のようである。

　（　）　111　教育課程が各教科について作られているか？
　（　）　1111　すべての教科にわたって作られているか？
　（　）　1112　教育課程はすべて年度初めまでに作られたか？
　（　）　1113　教育課程の年間または学期の計画が立てられているか？
　（　）　1114　同じく月または週の計画が立てられているか？
　（　）　1115　……

　これを見ただけでも，チェックすべきとされる項目がいかに多いかがうかがいしれよう。これらも含めすべてをチェックし集計するとなると膨大な労力が必要ということにならざるを得ない。これでは，学校評価本来の目的である「学校での教育活動を改善する」ための方策を考えるところまでエネルギーを持続

するのは至難のことである。ましてや今日においては，学校に設置されたパソコンの利用とか，学校評議員制度をはじめとする地域との連携など新たな課題も登場してきている。

　長いこと定着されずにきた学校評価ではあるが，学校評価についての研究は進められてきている。そうした中で注目したいのは，木岡一明の次のような見方である。木岡は，「従来の学校研究が問題としてきたのは，『あるべき学校経営』を展開される上で必要とされるべき『あるべき学校評価』であった。そして，『あるべき学校評価』の阻害要因が何で，それを克服するための課題は何かを示してきた。これらは矛盾なく構成され，そこでは，阻害要因の解消を前提にして，いかに『あるべき学校評価』を実施するかが論じられてきた。しかし，実際には，そう簡単に阻害要因が解消されるはずなく，したがって，いつまでたっても『学校評価』の定着は阻まれてきたのである。つまり，『あるべき学校評価』の普及・定着を阻む要因が錯綜している情況で，それらの要因をいかに除去（解決）させながら，同時進行的に『よりよい学校評価』をいかに普及・定着させうるかについては明示しえてこなかった」と述べ，「まず自分が（学校が，である前に）評価したい，あるいは評価されたいと思うことについて取り組み始めることが必要」「いつも学校の全体を評価しようなどと考えるのではなく，力を注いでいきたいこと／力を注いできたこと，あるいは学校がそのときに当面している具体的な問題にしぼっていくことが，継続的な取り組みになる」「全体を緻密に捉えようとするから，細項目主義に陥り，その各項目を評価することに忙殺され，全体のプロフィールを描こうとして項目間の関係が見失われ，どの項目も同じ重みづけであるために平板な分析で終わってしまう」と説いている。各学校において継続的で実りある学校評価を考えるうえで注目すべき提言と思われる。

　とはいえ，ただやみくもにというわけにもいかないので，これまでに各地の教育委員会や教育センター・研究団体・学校などで研究され開発されたものを参考にするとよいと思う。

　たとえば，学校経営診断研究会が開発した「学校経営診断カード」では，診断の要因として，

　Ⅰ　教育目標・経営方針とその具現化について（目的的要因）

第11章 教育計画の評価・学校経営の評価

　　Ⅱ　教育課程・教育活動と運営組織・校務分掌について（組織運営的要因）
　　Ⅲ　仲間関係や役割分担について（人間的要因）
　　Ⅳ　学校全体の雰囲気や気風について（組織風土的要因）

という4要因が示され，それぞれの要因について各10項目，計40項目が設定されており，各項目について5段階評価するようになっている。

　また，神奈川県立教育センターと県内のある中学校との共同研究では，評価票を，生徒用，保護者用，地域社会用，教職員用と分けて作成している。そのうちの教職員用では，2つの視点で分析できるよう評価項目を作成している。

　第1の分析の視点は，教育活動を評価できるようにということで，次の8つの評価領域に分類している。

　a．教育目標　　b．教科指導　　c．生徒指導　　d．道徳・人権・特別活動
　e．学年・学級経営　　f．研究・研修　　g．校務分掌・施設　　h．地域連携

　第2の視点では，学校経営上特に大切と思われる要因として，次の6つの評価観点に分類している。

　1．目標，方針，計画　　2．意欲，向上心，情熱　　3．信頼，理解，コミュニケーション，連携　　4．指導技術，方法　　5．組織運営，施設　　6．成果確認，達成度，反省

　大阪府教育委員会では，平成11年度から，府内（大阪市を除く）の各学校に，「学校教育診断票」を配布しており，各学校で利用されているようである。その内容をみると，各学校段階ごとに異なり，それぞれ生徒用，保護者用，教職員用，校長用に分かれている。中学校用のものをみると以下のようである。

　生徒用：「学校へ行くのが楽しい」「先生は私たちの意見をよく聞いてくれる」などの診断内容が32個用意されており，それぞれの項目に，A（よくあてはまる），B（ややあてはまる），C（あまりあてはまらない），D（まったくあてはまらない）のいずれかで答えるようになっている。

　保護者用：Ⅰ「教育活動に関するもの」に「学校は，教育方針をわかりやすく伝えている」「学校では特色のある教育活動が行われている」など27個，Ⅱ「学校経営に関するもの」に「学校の施設・設備は学習環境面でほぼ満足できる」「学校では，PTA活動が活発である」など9個の診断項目が用意されてお

り，生徒用と同様の答え方を求めている。

教職員用：Ⅰ「教育活動に関するもの」に「この学校の教育活動には，他の学校にない特色がある」「指導内容について，関連教科とよく話し合う」など41個，Ⅱ「学校経営に関するもの」に「学校運営に，教職員の意見が反映されている」「会議の結果が教育活動や学校運営に生かされている」など32個の診断内容が用意されており，答え方は上記と同様である。

校長用：次の7領域に分類され，それぞれは組織や活動の有無を問う設問1と，改善に向けての達成情況を問う設問2で構成されている（カッコ内の数値は，それぞれ設問1，設問2に示された設問の数）。

　Ⅰ　学校経営（2，16）　　Ⅱ　学習指導（3，15）　　Ⅲ　生徒指導，特別活動，道徳教育（2，17）　　Ⅳ　進路指導（1，4）　　Ⅴ　人権尊重の教育（1，7）　　Ⅵ　養護教育（1，3）　　Ⅶ　安全・健康教育，危機管理，施設・設備（1，5）

Ⅱ学校経営の設問1には，「学校活性化を推進するための組織がある〔はい，検討中，いいえ〕」等の設問が，設問2には，「校長の教育理念・方針が教育活動に反映されている」等の設問が示されている。設問2では，A～Dの4段階で達成状況を答えるようになっている。

このほかにも，独自の方法による学校評価の評価項目が各地の教育委員会や教育センター，学校などで研究されており，インターネット上で公開されているので，それらを参考にしながら，自校独自の評価項目・評価方法を考えていくのがよいであろう。

次にだれが評価するかであるが，先に示した文部省の試案においては，その学校の教職員を中心として行われる自己（校）評価（self-evaluation）と，それがややともすると陥る主観性や独善性の欠点を補って，なるべくこれを客観的にするための第三者の組織による「協同評価」の2つの方法が考えられた。このような考え方は，現在にもなお通用する考え方である。

自己評価は，学校長をはじめ全教職員がこれに参加するように，評価の組織と役割が定められねばならない。教職員のみでなく，父母や生徒の代表，学校管理の責任者をもその適当な評価部分に参加させるのが望ましいとされる。前記の2つの例においても，学校当事者だけではなく，保護者や地域社会の人々による評価を取り入れている。

さらに今日では，平成12年の学校教育法施行規則等の一部を改正する省令によって制度化された学校評議員にも，学校評価に参画してもらうという動きがみられる。省令によれば，学校評議員は，当該学校の職員以外の者で教育に関する理解および識見を有するもののうちから，校長の推薦により，当該学校の設置者が委嘱することとされている。また，学校評議員は，校長の求めに応じ，学校運営に関し意見を述べることができることとされている。地域に開かれた学校づくりをよりいっそう推進する観点から設置された学校評議員は，「開かれた学校づくり」という言葉の表面的な意味合いで考えるのではなく，「学校・家庭・地域が連携協力しながら一体となって子どもの健やかな成長を担っていく」という「開かれた学校づくり」本来の目的との関連で考えるべきであろう。こうした視点から，学校評価の方法・組織に，学校評議員の位置づけまで考えられている取組みも多々みられる。教育課程審議会の答申（平成12年12月）においても，学校評価の実施にあたっては，「学校評議員制度を活用することにより，保護者や地域の人々の声を参考にして進めるとともに，その結果を，保護者や地域の人々に説明し，意見を聞き，その後の教育活動を展開していくことが必要である」とされている。

　要するに，学校評価は，他の評価と同様，評価することが目的ではなく，評価の結果をその後の教育実践に生かすことが重要との観点に立って取り組む必要があるということになる。

第5部　学級・学校経営の評価

第12章　補助簿・通信簿・指導要録・内申書

　評価の結果を記録し，保存し，使用する場合，補助簿，通信簿，指導要録，内申書の4つが中心となる。これらの間には，下図のような関係がある。

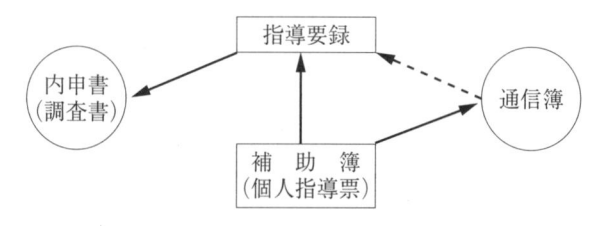

図12.1　補助簿・通信簿・指導要録・内申書の関係

　時間的には，初めに，日常の評価の結果を記録する補助簿が作成され，これに基づいて学期末に通信簿が作成され，家庭に知らされる。そして，学年末に指導要録が作成され，そして卒業時に内申書（調査書）が作成され，希望する進路先へ届けられる。

I　補　助　簿

　教師は，日常，生徒の指導を行いながら，学習の成果などをテスト，観察し，成果を確認するとともに，指導の改善や学習のしなおしなどに役立てている。したがって，それを記録する帳簿を備えているが，ふつう，補助簿と呼ばれている。これは，元来，指導要録補助簿の略称で，学年末に指導要録を作成するために，日常，一人一人の生徒について，きめ細かく資料を収集し，記録する帳簿である。これによって，通信簿も作成されるし，一人一人の生徒をよりよく理解する貴重な資料でもあり，その指導にとっても重要な資料である。評価にとってはもちろん，指導にとっても，補助的な帳簿ではなく，むしろ主たる

帳簿だということである。
　このように，補助簿はほかの帳簿の基礎資料であるので，その内容は，指導要録や通信簿のすべての内容が入っていることが必要である。また，通信簿，指導要録，内申書の妥当性，信頼性，客観性を保障するものでもあるので，きめ細かく，しかも正確な資料の収集と記録でなければならない。

Ⅱ　通 信 簿

1　通信簿の意義と問題点

　通信簿は，生徒の教育に関する学校と家庭の連絡の手段の１つであるとともに，教師の教育事業についての年数回の決算と反省の機会ともなるものである。これをもう少し分析的に述べれば次のとおりである。
① 学期末に，その期間における生徒の学習成果についての総括的情報を家庭に知らせることによって，生徒の学習の状況や長所，短所などを客観的に示し，生徒の教育に協力を求める。また，生徒にも今後の学習の指針と励ましを与える。
② 通信簿を適切に作成して，家庭に，今日の教育のあり方や学校の教育方針などを理解してもらう機会とする。
③ 毎学期末，妥当で客観的な通信簿を作成するためには，日常一人一人の生徒の学習状況などについてきめ細かくテスト，観察などを行い，その結果を整理，記録しておく必要がある。すなわち，教師にとっては，一人一人の生徒を深く理解するとともに，学級経営や指導について反省し，改善する機会ともなる。
　通信簿は，このような機能を果たしているのであるが，長い伝統の結果，ときに暗い面や弊害を伴うこともあって，その廃止を考える学校もあるほどである。その機能を正しく果たさせるためには，こうした消極面や問題点についても十分認識しておくことが望ましい。それは，次のとおりである。
① 調査によると，生徒は通信簿の必要性は認めているが，長い伝統から権威的存在となっているために，成績のよくない生徒や期待どおりの成績を上げられなかった生徒には，暗い重苦しい心理的影響を与える傾向がある。

さらに、不当に競争心をあおったり、点取り主義的勉強に走らせたりする。
② 父母にも深刻な影響を及ぼす傾向がある。成績がよければ、父母にとって通信簿は、幸福と光の使者であるが、成績が悪い場合は、不幸と憂うつの使者である。つい子どもを叱り、かえって悪い結果をまねくことにもなる。通信簿に対する生徒の不安と恐れは、こうした父母の態度によることが多いといわれている。

そこで、こうした弊害への対策であるが、その第1は、通信簿の過大視を改めることである。そのためには、成績物などの持ち帰り、授業参観、家庭訪問、面談、家庭への手紙や電話連絡など、日常的にきめ細かく情報を提供しておいて、その背景のうえに立って総括的情報としての通信簿を提供するようにすることである。

ただし、日常の情報をいかにきめ細かく提供しても、学期末の通信簿は不必要ということではない。日常、生徒や父母が担任教師から具体的できめ細かい情報を提供され、状況を十分承知していたとしても、学期末に、それらを総括すればどういう成績になるかという情報もぜひほしいであろうし、またその意味がある。日常の具体的情報がいくらきめ細かくても、学期末の総括的情報が欠けていては、結論のない話や文章のようなもので締まらない。この2種の情報は、性質と意義を異にし、補完し合うべきものなのである。

第2は、通信簿は、成績の劣る生徒に劣等感を与え、自己概念を破壊するおそれがあるとの批判である。これに対して、「オール3」「オール5」の通信簿や甘い通信簿を考える短絡的な対応が正しくないことは自明の理である。あたたかい雰囲気の中で、真実と向き合い、正しく理解したうえで、向上に努めるよう、手厚くきめ細かい指導を行うことこそ本道である。

2 望ましい通信簿のあり方

望ましい通信簿には、教育の目的が具現されていなければならないとか、教育評価のあり方も具現されていなければならないなど、満たすべき条件がいくつかある。それを、以下に述べてみることにする。
① 通信簿は、その時代の教育のあり方——そのときの学習指導要領の趣旨——に沿い、かつその学校の教育目標に沿ったものでなければならない。

具体的には，教育課程で実現をめざす教育目標を通信簿での評価の目標（観点）とするといったようにである。それに向かっての生徒の進歩についての情報を提供したいものである。

② 主知主義的な学習成績一辺倒ではなく，学習態度，性格，道徳，身体発育も含める必要がある。

教育は，知育，徳育，体育といわれるように，全人的な調和的発達をめざしている。すべての面について情報を提供し，それぞれの発達をめざして努力することが必要である。

③ 教科の成績などを提供する場合，総括情報は大切であるが，それだけにとどまらないで，分析的観点についての情報も提供し，長所，短所や基礎的事項の到達度なども示すべきである。

きめ細かい情報があれば，その後の学習努力は主としてどこに向けるべきかが直接理解でき，励ましともなるからである。

④ 教科全体の評定にせよ，分析目標ごとの評定にせよ，いかに行ったかが説明できるだけの資料を整備しておくことである。

生徒や父母は，自分の評定についてある程度予測している。それと異なった場合には，教師に質問することになる。教師には説明をする責任があるので資料の収集，整備に努めておくことである。この場合，十分な資料とは，相手を納得させるだけの資料ということである。評価への不信が，教育，教師への不信になりかねないので，心すべきことである。

⑤ 教科を1つの総合評定で行う場合，5，4，3，2，1とか，A，B，Cなどの数字や記号で表示する伝統的な方法には批判があり，文章記述を提唱する声がある。このことは，外国においても同様であることが，次の表からも感じられる。表12.1は，アメリカにおいて，かつて，600以上の学校に対して調査を行った結果であるが，表示の方法が，かなり分かれていることに注目したい。

⑥ 教科の成績について，学習態度，努力も加えて評定したほうがよいという考えに対して，情意的領域の目標を混入させるとその評語や評点の解釈を混乱させたり，あいまいにしたりするので望ましくないとの考えもある。しかし，学習態度や努力は重要な目標であるので，評定し，表示する必要

第5部　学級・学校経営の評価

表12.1　通信簿における成績報告の方法

方法＼学年	小1	小4	中学校	高校
段　階　評　定	73.1%	85.8%	82.3%	79.5%
合　─　否 (P-F)	11.6	9.0	8.2	8.1
文　章　記　述	30.2	20.0	12.5	9.1
両親との話し合い	52.2	44.7	26.3	18.5
そ　の　他	3.7	3.6	10.9	13.2
計	170.8	163.1	140.2	128.4

がある。

　教育課程でめざすものを示す「新しい学力観」では，学習状況を評価する観点の基本的枠組みとして，関心・意欲・態度，思考・判断，技能・表現，知識・理解が示され，知識偏重をいましめて，意欲，思考の重視が求められている。情意的領域を評定，表示からはずしてはならないのである。

⑦　家庭からの情報を得るための工夫をするべきである。一方通行にならないように，家庭から学校への通信欄を設けることであるが，なかなか記入してもらえないという現実がある。これは自由記述では記入しにくいためであるが，ある学校では知りたい項目を設け，記入しやすいように記号で記入させたところ，ほとんどの父母が記入するようになった。しかも，「さらに記入したいことがあれば記入してください」と空欄も設けておいたら，項目に記号で記入するとつい記入しやすくなるらしく，空欄へもほとんど記入するようになった。また，通信簿が父母にとってわかりやすく，親しみやすくできていれば，協力してもらえるだけでなく，記入も促すようである。

⑧　通信簿の様式，内容をどのようにするかは，父母の要望もいれて決定すべきである。これまでは，その様式，内容については，学校が出したいものを出しており，父母がどのような情報を欲しているかは考慮されていなかった。しかし，理解を深め，協力を得るためには，父母の要望を聞くべきだということから，最近では，原案作成の段階から委員会に父母を加えている学校が増えてきている。さらに，生徒に記入させるだけでなく，父母にも記入させようとする学校もある。原案作成から記入まで，専ら学校，

教師が行っていたのであるが，しだいに生徒や父母も参加させる時代になりつつある。

⑨　後で述べる指導要録との関連もよく考えておくべきである。一時，両者の機能の違いから，両者は別々であるべきだという意見があり，通信簿の改善といえば，「指導要録離れ」とうことがあった。しかし，ただ離れさえすればよいというものではない。たしかに通信簿は法定簿ではなくて，学校の自由である。そして指導要録は，法定簿である。しかも，通信簿は専ら指導機能を果たしているが，指導要録は指導機能と証明機能を有していて，両者には違いがある。これが，両者は異なるべきだとの根拠である。しかし，どちらも現在の教育の目標に立脚しており，その実現状況を評価する様式，内容でなければならないので，不即不離の関係になるのはやむを得ない。また，評価を行う実務から考えても，両者が無関係で別々な様式・内容であれば，別々に処理し，記入する作業がたいへんであるうえに，二重帳簿となってその整合性にも苦しむことになろう。現在の教育のあり方，評価のあり方を具現化している指導要録に，通信簿がある程度似るのはやむを得ないということである。指導要録については，「通信簿のもと」とよくいわれるが，これは上に述べたことで，指導要録の様式・内容が通信簿を検討するときに，たいへん参考にされることをいっている。ときに，指導要録の記入に基づいて通信簿を記入することと考えている人がいるようであるが，記入の時期から考えてもそれはあり得ない，たいへんな誤解である。

Ⅲ　指導要録

1　指導要録の意義と目的

　指導要録は，学校における公簿であって，その作成は，学校教育法施行規則によって義務づけられている*。その歴史は古く，明治33年に制定され，学籍

---

*　学校教育法施行規則第12条の3の第1項に「校長は，その学校に存学する児童等の指導要録（学校教育法施行令第31条に規定する児童等の学習及び身体の状況を記録した書類の原本をいう。以下同じ）を作成しなければならない」とある。

簿といわれていたが，昭和24年に，若干の混乱をへて，現在のように指導要録と改められた。この間，その形式・内容は変遷してきたが，その後においても，学習指導要領の改訂ごとに，その改訂の趣旨に沿って改訂され，今日に至っている。

　一人の生徒の指導は，幼稚園，小学校，中学校，高等学校へと長期にわたって行われるのであるが，その間，その生徒の観察，評価もまた行われている。この継続的な観察，評価の結果を記録し，蓄積しておけば，担任が変わって新しくなっても，それまでと連続した方針で指導することができる。また，転校した場合でも，その記録の写しを送付することによって，新しい学校の教師もよく理解し，適切な指導が行える。また，問題が発生した場合にも，過去の記録を調べることができ，原因を発見し，適切な対応をすることができる。このように，指導要録は，生徒のよりよい指導のために必要な記録である。

　指導機能をもつ記録であるから，単に多年にわたる継続的な観察，評価の結果の累積記録であるだけでなく，さらに，個人についての多角的・包括的な記録でなければならない。今日の指導要録は，学籍，出欠席，各教科の学習，総合的な学習の時間，特別活動，行動，総合所見及び指導上参考となる諸事項など，多方面にわたる記録を含んでいるのである。

　なお，指導要録は，指導のためだけに必要なのではない。進学，就職，あるいは転校の場合に，在籍および在籍中の様子を証明するためにも必要とされる。外部への証明機能も有しているということである。

　すなわち，指導要録は，指導機能と証明機能の2つの機能を有した記録であり，そして法的根拠をもった公簿でもある。

　現代社会は，成員の教育上，福祉厚生上，医療上，職場等における人事管理上，行政上，適切な処遇方策を立てるのに必要な資料の記録，保存を必要としているが，学校における指導要録もその重要な1つである。ただし，これに伴う個人のプライバシーの侵害を防止する方法を講じなければならないが，この種の記録の果たす教育的ならびに社会的機能の重要性を，学校関係者は十分理解してかかる必要がある。

　指導要録は，1年間にわたって行った観察，評価などの結果を学年末に要約して記入する記録簿であって，累加記録摘要（cumulative record summary）と

でもいう性質のものである。したがって、指導機能の見地からは、もっと詳細な記録を必要とする。指導要録補助簿がそれにあたる。ただし、これは、その担任教師だけの記録なので、後の担任に受け継いでもらいたいものであるが、受け継がれることはほとんどない。したがって、ぜひ引き継ぎたい資料は、公簿である指導要録に記録しなければならない。

2　指導要録の主要な内容

第1に、「学籍」が含まれるが（巻末付録参照）、この記録が、入学・卒業等の学籍事項を証明するもので、学校における戸籍にあたり、強く管理機能と証明機能を果たすことになる。この部分の記録の根拠は学校管理法や教育法規である。「出欠」の記録も、これに類するものである。

第2に、「各教科の学習」「総合的な学習」「特別活動」「行動」についての記録は、指導要録の根幹をなすものであり、それらは学習指導要領の趣旨を受け、準拠している。たとえば、指導要録における各教科の観点、行動の項目などは、学習指導要領の内容、目標から設け、それらについての評定や所見などを記入する、といったようにである。

しかし、これらの記録欄は、学習指導要領からだけ設けられ、記入されるものではなく、教育心理学、教育評価法、測定等の理論の上に立っても考えられるべきである。たとえば、教科の段階評定をどう行うかは、教育評価、測定の理論を重視して決めるべきで、学習指導要領の視点からだけでは決めることはできないのである。

第3に、指導上必要な諸事項についても、できるだけ含めるべきである。たとえば、標準検査については、知能・学力等について標準化された検査（教育・心理検査）の実施結果を記録できる。しばしば述べてきているように、それは教育成果（出力）を左右する重要な入力情報である。個人や学級の指導計画を立てるために必要な入力情報であるし、実施した教育計画（カリキュラム）の効果の評価のためにも、このような入力情報を加えるほうが、より合理的な評価が行える。かかる意味で、それは重要な記録内容であるが、この記録は、教育心理学や教育システムの理論の上に立ってこそ、その意味と価値が理解されるのであって、これまた学習指導要領のみの見地からは、十分に理解すること

は困難であろう。

このように，指導要録は，教育指導上，教育計画上，あるいは進路指導上たいへん重要な情報の累積記録であるが，そこには教育学的，社会学的，心理学的，教育評価・測定学的，あるいは学校管理的な理論がある。これを使用する者も，批判する者も，等しくこれらの理論的根拠に立って理解し，使用し，批判しなければならない。

なお，現行の指導要録の内容と様式は付録を参照されたい。

3　指導要録の評定法の問題
(1)　各教科について

「各教科の学習の記録」は，小学校1・2年は「観点別学習状況」だけ，小学校3～6年は，「観点別学習状況」と3段階の「評定」，中学校は必修教科は「観点別学習状況」と5段階の「評定」，選択教科は「観点別学習状況」と3段階の「評定」である。そして，「観点別学習状況」も「評定」も絶対評価で行う。絶対評価を正しく行うのはなかなかたいへんであるが，特に中学校では，「評定」が高校入試の際に重要な資料となるので，正しく行うよう研究と実践に努める必要がある。

なお，所見は個人内評価で行うが，これは，「総合所見及び指導上参考となる諸事項」欄に記入することになる。

(2)　総合的な学習の時間について

これについては，「総合的な学習の時間の記録」の「評価」と「総合所見及び指導上参考となる諸事項」に所見を記入することになる。「評価」は，学校で観点を設け，絶対評価を行うが，点数や記号で評定を行うのではなくて，文章で行うことになる。適切な表示を行うためには，事前に，多くの文例を用意しておくことである。

また，所見については，ほかと同様に，個人内評価であるので，個人としての進歩の状況，よさなどについてきめ細かく資料を収集するとともに，やはり，文例を豊富に作成しておくことである。

(3)　特別活動について

これについては，各内容ごとに十分満足できる状況にあると判断した場合，その欄に○を記入する。「十分満足できる状況（ぜひなってほしい状況，目標）を具体的に設定しておいて，そうなっているかどうかを判断する絶対評価である。したがって，信頼できる評価が行えるかどうかは，十分満足できる状況を具体的に記述できるかどうかにかかっている。学校をあげて，この記述，設定に努めることが必要である。さもないと，あいまいで，信頼できない評価になってしまうことは目に見えている。

(4) 行動について

これについては，項目ごとに，その趣旨に照らして十分満足できる状況にあると判断される場合に，その欄に○を記入する。特別活動とまったく同じで，絶対評価である。したがって，各項目について，各学年でなってほしい状況（十分満足できる状況）を，具体的に記述し，そうなっているかどうかを判断することになる。学校をあげて，十分満足できる状況を記述し，実践を行いながら，不具合の部分があれば調整し，整備し，しだいに安定させることが必要である。信頼できる行動の評価を行うためである。

このように，指導要録で使われる評価（解釈）法は，絶対評価と個人内評価である。相対評価情報は，必要があれば，「総合所見及び指導上参考となる諸事項」欄へ記入することになっており，高校入試とのかかわりで不安な声が聞かれる。

4 指導要録の保管と公表

現代社会では，指導要録だけでなく，個人に関する公的記録は，各個人の適正処遇のための情報源としての必要性と合法性を有している反面，個人のプライバシーの侵害の危険を有している。学校の記録の保存に関しては，早く（アメリカのラッセル・セージ財団の報告書，1969）からその防止のための具体策が考えられていた。その第1の対策は，その記録をだれに，どの範囲の局外者まで接近・利用させるか，保管の責任者をだれにするか，などについて具体的に決めることである。指導要録への接近（access），利用を認める範囲を，正当な理由のある個人や機関にとどめるよう的確なルールを作り，それを行使できる記録の管理責任者を決めておくということである。

その接近・利用を認める範囲は，当然その記録の内容や種類によって異なるであろう。場合によっては，記録への接近を認める範囲に段階を設ける必要もある。たとえば，①だれにも相談することなく無条件に接近する範囲，②本人または父母の承諾を得たうえで公開する範囲，というようにである。

指導要録の公開には，生徒の父母から要求があった場合（本人情報の自己開示）の問題がある。アメリカでは，1961年，ニューヨーク州の裁判で，指導要録は父母の知る権利があると判決して以来，父母の要求があれば見せるようになってきている。このことが，指導要録の質の向上に役立つという意見もあるようである。

次に，記録され，保存される資料が具備すべき条件は，妥当性，信頼性が高いということである。不正確で，主観的な情報が，本人に重大なダメージを与えることはいうまでもないが，さらに，教師，教育への不信にもつながりかねない。そこで，学校としては，正確で信頼のおける情報を収集する方法について不断に研究する必要があるし，それを駆使して，きめ細かく，妥当性，信頼性の高い情報を収集し，蓄積することである。

Ⅳ 内申書

内申書は，調査書ともいい，進路先へ届けられ，入学者の選抜資料として用いられる。したがって，その目的・機能は，管理的な証明機能であり，指導機能はほとんどない。進路先等で，選抜資料として重視されればされるほど証明機能は大きくなり，作成する学校側の責任もまたますます大きくなる。教師は，日常十分信頼性，妥当性の高い評価を行い，資料を集積しておくことが大切である。

内申書は，近年，高校への受験戦争の激化を抑え，中学校の教育を正常化するねらいから，特に高校入試でのウエートが高まり，大多数の都道府県で，重みをかけていた。これは，1回の学力検査よりも，日常の教育の成果を重視するということで，ひいては日常の教育を大切にすることでもある。

内申書重視についての限界，弊害を指摘する声もある。中でも，各教科の評定については，相対評価では，学校差が反映されていないとの指摘があった。

そして，絶対評価では，教師の主観が排除できないとの指摘があり，内申書軽視になりかねないとの意見がある。課題は選抜資料として適切な資料となるように，評定を正しく，信頼性，妥当性の高いものにすることである。さもないと，これから永遠に評定は使えないということになる。そうあってはならない。

付　章

教育統計

付章 教育統計

ここでは，教育統計の基本である記述統計と，良い心理検査の要件とされる検査の妥当性と信頼性について説明する．さらに，近年，新しい測定理論として注目されている項目反応理論について，その基本的な考え方を説明する．

I 分　布

1　度数分布表

ある学級の40人に実施したテストの得点を表1に示す．こうした得点の大きさを適当な区間（級間）に分け，そこに入る人数を数えて一覧表にまとめたものを度数分布表（frequency table）という．表2には区間の幅を5点とする度数分布表を示す．もっとも得点の小さい区間では得点限界に23～27，中心点に25，そして度数に1とある．これは，23点から27点に入る生徒が1名いたことを示す．中心点は文字どおりその区間の中心の値である．

表1　ある学級40人のテスト得点

70	55	45	47	58	48	26	53	63	48
58	59	79	58	53	57	46	45	71	60
60	29	74	51	58	68	48	37	54	39
65	49	68	38	36	49	63	61	61	73

隣り合う区間の境目の値を真の限界という．表2の度数分布表では，小さいほうから22.5，27.5，…，82.5が真の限界である．真の限界が整数にならないように作表するのがコツである．

累積度数（cumulative frequency）は得点の小さいほうから度数を累積した値であり，この表を累積度数分布表という．累積度数分布表は得点のおおよその順位を示すときに便利である．

表2 テスト得点の度数分布表

得点限界	中心点	度数	累積度数	度数(%)	累積度数(%)
23〜27	25	1	1	2.5	2.5
28〜32	30	1	2	2.5	5.0
33〜37	35	2	4	5.0	10.0
38〜42	40	2	6	5.0	15.0
43〜47	45	4	10	10.0	25.0
48〜52	50	6	16	15.0	40.0
53〜57	55	5	21	12.5	52.5
58〜62	60	9	30	22.5	75.0
63〜67	65	3	33	7.5	82.5
68〜72	70	4	37	10.0	92.5
73〜77	75	2	39	5.0	97.5
78〜82	80	1	40	2.5	100.0

2 ヒストグラムと度数多角形

度数分布表を棒グラフで示したものをヒストグラム(histogram)という。ヒストグラムは一目で得点分布を知ることができる。図1に表2を用いて作成したヒストグラムを示す。横軸の数値が中心点，縦軸の数値が度数である。図1のヒストグラムによれば，この学級の得点は55点をほぼ中心として，おおよそ20点から80点までの間で得点が散らばっていることがわかる。

また，各区間の度数を線分で結んだグラフを度数多角形(frequency polygon)という。図1ではヒストグラムの上に度数多角形を重ねてある。普通はヒストグラムか度数多角形のどちらかを描けばよい。

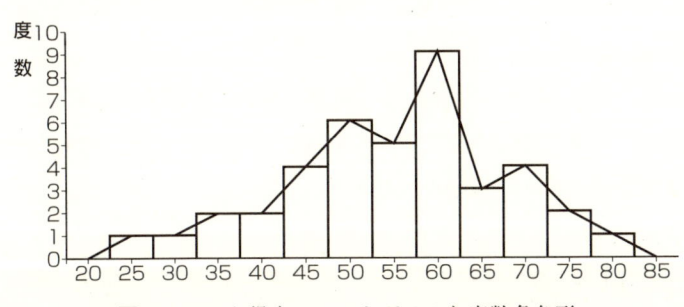

図1 テスト得点のヒストグラムと度数多角形

集団の得点分布を表示する方法として度数分布とヒストグラムを紹介したが，得点分布の歪みが大きいときは利用できない統計量がある。そのため，統計量を算出する前に度数分布やヒストグラムで分布の型を調べておくことが大切である。

II 分布の型

曲線を用いてなめらかに描いた度数多角形を図2に示す。(a)から(d)までそれぞれ2つの分布を対にしたが，2つの分布の相違を表すためには，(a)位置を表す統計量，(b)散布度を表す統計量，(c)歪みを表す統計量，(d)尖りを表す統計量が必要になることがわかる。ここでは，そうした統計量を説明する。

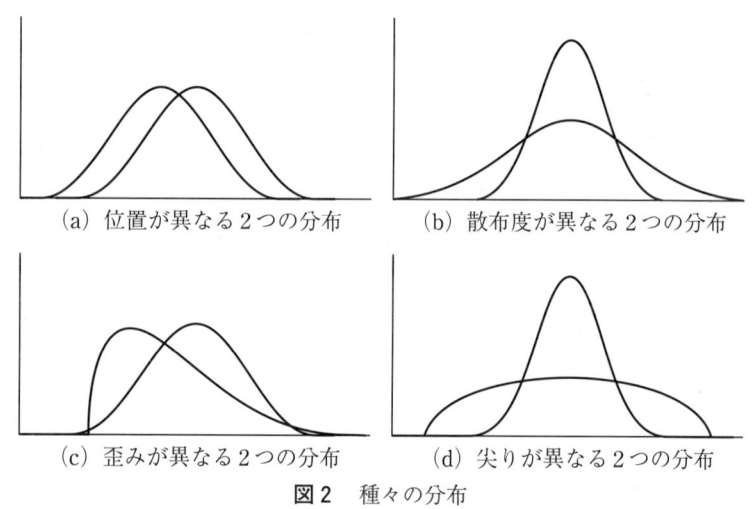

(a) 位置が異なる2つの分布　　(b) 散布度が異なる2つの分布

(c) 歪みが異なる2つの分布　　(d) 尖りが異なる2つの分布

図2　種々の分布

1　代表値

分布の代表的な位置を表す統計量を代表値という。量的な変数の代表値には平均（mean）と中央値（メジアン，median）がある。また，質的な変数の代表値には最頻値（モード，mode）がある。

(1) 平　均

一般に算術平均を平均と呼んでいる。変数 x の平均を $\bar{x}$ で示す。計算式は次ページ上のとおりであり，n は人数である。表1の平均得点は54.5である。

$$\bar{x} = \frac{1}{n}\sum_{i=1}^{n} x_i \qquad (1)$$

(2) 中央値

分布の歪みが大きいときは代表値として平均は不適切である。そのようなときは中央値 Mdn を用いる。中央値は得点を小さいほうから大きいほうへ並べたとき，ちょうど中央にくる値である。たとえば，(2, 5, 6, 7, 10) の中央値は 6 である。この中の10を19に代えても中央値は 6 のままである。中央値が分布の歪みに対して頑健であることを実感できる。

データが偶数個のときは，得点を小さいほうから並べて $\frac{n}{2}$ 番目と $\frac{n}{2}+1$ 番目の値の平均をとればよい。さきの表 1 には40人の得点があるから，小さいほうから20番目の得点55と21番目の得点57の平均をとり，56が中央値である。この値はさきに求めた平均54.5とそれほど変わらないので，数値のうえからも，この学級の得点分布が歪んでいないことがわかる。

2 散布度

散布度 (dispersion) は分布の散らばりの大きさを表し，この統計量には分散 (variance) と標準偏差 (standard deviation) がある。

(1) 分散

分散の定義式は次のとおりである。

$$S^2(x) = \frac{1}{n}\sum_{i=1}^{n}(x_i - \bar{x})^2 \qquad (2)$$

$(x_i - \bar{x})$ は個人の得点 (x_i) と平均 $(\bar{x})$ との隔たり（平均偏差と呼ばれる）であり，その 2 乗平均が分散である。したがって，平均から大きく離れている生徒の数が多いほど，つまりヒストグラムの裾が幅広く延びているものほど分散は大きくなる。表 1 の得点の分散は145.3である。

(2) 標準偏差

標準偏差 $S(x)$ の定義式を以下に示す。標準偏差＝$\sqrt{分散}$ の関係がある。表 1 の得点は分散が145.3であるから，標準偏差は12.05である。

$$S(x) = \sqrt{\frac{1}{n}\sum_{i=1}^{n}(x_i - \bar{x})^2} \qquad (3)$$

前ページの定義式からわかるように分散の単位は測定値の単位の2乗であり，標準偏差の単位は測定値の単位に一致する。このため，散布度として報告する統計量は標準偏差である。

3 分布の歪み——歪度——

分布の歪みを表す統計量として歪度（skewness）α_3がある。その定義式は以下のとおりである。

$$\alpha_3 = \frac{\frac{1}{n}\sum_{i=1}^{n}(x_i - \bar{x})^3}{S(x)^3} \tag{4}$$

歪度は左右対称分布のとき0，裾が右に長く延びたとき正の値，左に長いとき負の値となる。表1の得点の歪度は－0.26であり，ほぼ左右対称であることがわかる。

4 分布の尖り——尖度——

分布の尖りを表す統計量として尖度（kurtosis）α_4がある。定義式は以下のとおりである。

$$\alpha_4 = \frac{\frac{1}{n}\sum_{i=1}^{n}(x_i - \bar{x})^4}{S(x)^4} - 3 \tag{5}$$

後述の正規分布の尖度は0であり，分布が尖るほど正の大きな値，分布の尖りが緩やかになるほど負の大きな値となる。表1の得点の尖度は－0.27であり，図1の分布の尖り具合は正規分布とほぼ等しいといえる。

Ⅲ 得点の標準化と正規分布

生徒の得点だけをみても，その生徒の成績がよいほうなのか，それとも悪いほうなのか，集団内での相対的な位置はわからない。また，異なる教科の場合，受検者集団がたとえ同一でも，教科によって得点の平均と散布度が異なるので，得点をじかに比較しても意味はない。そのため，集団基準準拠検査では検

査得点を標準化したうえで報告するのが普通である。

標準化された得点を標準得点という。標準得点は正規分布と関連づけることにより，元の得点の相対的な位置を推測できる。ここでは得点の標準化と正規分布について説明する。

1 標準得点と偏差値

(1) 標 準 得 点

得点 x_i を平均 $\bar{x}$ と標準偏差 $S(x)$ を用いて以下のように変換した値を標準得点 (standardized score) という。

$$z_i = \frac{x_i - \bar{x}}{S(x)} \tag{6}$$

標準得点は標準偏差を単位として元の得点がどれだけ平均よりも大きいか，あるいは小さいかを表す得点である。標準得点の平均は 0，標準偏差は 1 である。標準得点に上限と下限はないが，おおよそ $-3.0 \sim +3.0$ の範囲で値をとる。

表3に国語と数学の得点を示す。この得点を用いて標準得点を計算すると，国語は

$$z_i = \frac{60 - 52.0}{8.0} = 1.00$$

となる。また，数学は $(64 - 55.0)/18.0 = 0.50$ である。したがって，元の得点は数学のほうが大きいが，標準得点は国語のほうが大きく，相対的な順位は国語のほうがよいのではないかと推測される。

表3 標準得点の計算例

教科	得点	平均	標準偏差	標準得点	偏差値	パーセンタイル順位
国語	60	52.0	8.0	1.00	60.0	84.13
数学	64	55.0	18.0	0.50	55.0	69.15

(2) 偏 差 値

標準得点は正あるいは負の値をとるのでなじみにくいといわれる。そのため，標準検査では，標準得点 z_i を次式によって変換した値がよく利用される。これを偏差値という。偏差値にも上限と下限はないが，現実のデータではおおよそ20～80の範囲で値をとる。偏差値の平均は50，標準偏差は10である。

$$Z_i = 10z_i + 50 = 10\left(\frac{x_i - \bar{x}}{S(x)}\right) + 50 \tag{7}$$

表3の数値を用いて偏差値を求めると，国語は60.0，数学は55.0である。

2　正規分布

いろいろな値をとるものを変数といい，ある確率である値をとることがわかっている変数を確率変数という。確率変数には，変数が離散的な値をとる離散型確率変数と連続的に値が変化する連続型確率変数とがある。ここで説明する正規分布（normal distribution）は連続型確率変数の基本となる。

確率変数がどういう値をいくらの確率でとるかを表すものを確率分布という。ただ，連続型確率変数は任意の値をとる確率を定義できないので，ある値からある値をとる確率がいくらとなるかを定義する。そのために必要となるのが確率密度関数である。確率密度関数は数学的には厳密に定義されるが，ここでは分布の形を決める関数と考えておけばよい。正規分布の確率密度関数は以下のとおりである。

$$y = \frac{1}{\sqrt{2\pi}\sigma} e^{-\frac{1}{2}\left(\frac{x-\mu}{\sigma}\right)^2}, \quad -\infty < x < +\infty \tag{8}$$

μ と σ はそれぞれ確率変数 x の平均と標準偏差である。正規分布は理論的な分布なので，ここでは慣例にならい，平均と標準偏差をギリシャ文字で示した。また，e は自然対数の底（約2.7183），π は円周率（約3.1416）である。

x と μ と σ の値を上式の右辺に代入すれば y の値が求まり，分布の形も決まる。正規分布の確率密度関数を図3に示す。横軸が確率変数 x の値，縦軸が確率密度 y である。正規分布は平均 μ を中心として左右対称の分布である。

正規分布に従う確率変数 x を標準化した値 z を標準正規偏差（標準正規得点）という。z は平均0，分散1の正規分布に従い，この分布を標準正規分布（単位正規分布）という。標準正規分布の確率密度関数は，式(8)の μ を0，σ を1としたものであるから

$$y = \frac{1}{\sqrt{2\pi}} e^{-\frac{1}{2}z^2}, \quad -\infty < z < +\infty \tag{9}$$

付　章　教育統計

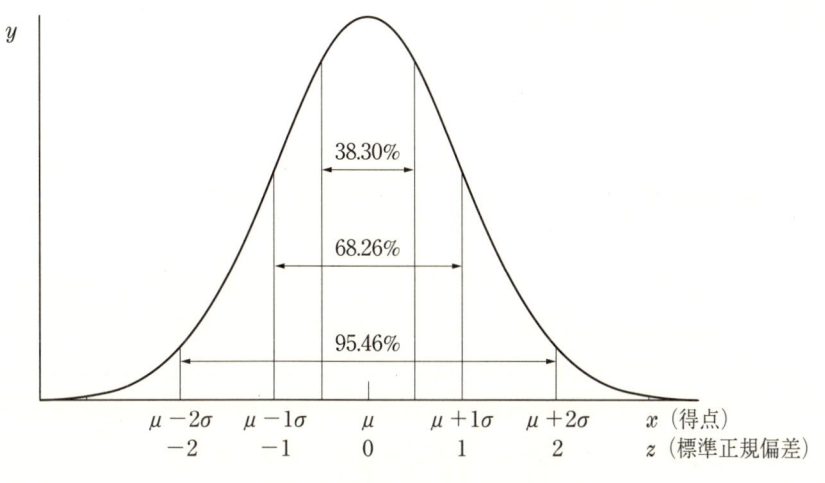

図3　正規分布の確率密度関数

である。元の確率変数 x の平均と分散の大きさに関係なく，標準正規偏差 z の値が決まれば，それよりも上の面積，同時に下の面積が決まる。標準正規偏差とそうした面積との関係をまとめた表を標準正規分布表という。その一部を表4に示す。

正規分布は左右対称の分布なので，表4には標準正規偏差が正の領域のみを示した。確率密度関数の下に入る面積は全体で1であり，$x=\mu+z\sigma$ の関係があるから，$\mu-2\sigma$ と $\mu+2\sigma$ に囲まれた面積が全体の95.46％，$\mu-1\sigma$ と $\mu+1\sigma$ に囲まれた面積が全体の68.26％であることがわかる。また，$\mu-3\sigma$ と $\mu+3\sigma$ に囲まれた面積が全体の99.74％であるから，±3.0を超える得点はほとんど出現しないことがわかる。

表4　標準正規分布表の一部

z	y	$0\sim z$ の面積	z 以上の面積
0.00	0.3989	0.0000	0.5000
0.50	0.3521	0.1915	0.3049
1.00	0.2420	0.3413	0.1587
1.50	0.1295	0.4332	0.0668
2.00	0.0540	0.4772	0.0228
2.50	0.0175	0.4938	0.0062
3.00	0.0044	0.4987	0.0013
$+\infty$	0.0000	0.5000	0.0000

表3に国語と数学の標準得点を示したが，2つの教科がともに正規分布に従っていると仮定すると，元の得点よりも下の面積は国語が84.13％，数学が69.15％である。当該の得点以下の面積が全体のPR％である

とき，その得点を PR パーセンタイル，また，その得点順位を PR パーセンタイル順位という。したがって，国語の得点は84.13パーセンタイル順位，数学の得点は69.15パーセンタイル順位である。

IV 相 関 係 数

2つの変数があり，一方の変数の値が大きい生徒ほど他方の変数の値が大きい傾向，あるいは小さい傾向にあるとき，2変数の間には相関関係があるという。たとえば，知能検査の得点と学力検査の得点，国語の成績と英語の成績には相関関係がある。相関関係の有無は，一方の変数の値を横軸，他方の変数の値を縦軸にとって2次元平面上に生徒の得点をプロットすれば容易にわかる。そのような図を相関図あるいは散布図という。

次ページ図4に (a) から (f) の6つの相関図を示す。(a) と (b) にはほとんど相関関係はみられないが，(c) になると明らかに相関関係がみられる。さらに (d) と (e) は (c) 以上に大きな相関関係が認められる。(c)，(d)，(e) のように2変数の散布図が右上がりの楕円形をしているとき，正の相関関係があるという。一方，ここでは示していないが，相関図が右下がりの楕円形をしているときは負の相関関係があるという。(f) は2変数の値が一直線上に乗っているので，完全な相関関係があるという。しかし，現実のデータが (f) のような散布図を示すことはほとんどない。

1 相関係数の定義式

心理検査の得点は連続的に値が変化するので連続変数と呼ばれる。積率相関係数 (product moment correlation) はこうした連続変数どうしの相関関係の大きさを表す。積率相関係数は単に相関係数とも呼ばれる。相関係数は-1から$+1$の範囲で値をとり，0のときは無相関である。次ページの図4の相関図には相関係数を併記した。相関係数の絶対値がおおよそ0.4以上のとき，視覚的にも相関関係が認められる。

2変数 x と y の相関係数 $r(x,y)$ は次式のように定義される。

付　章　教育統計

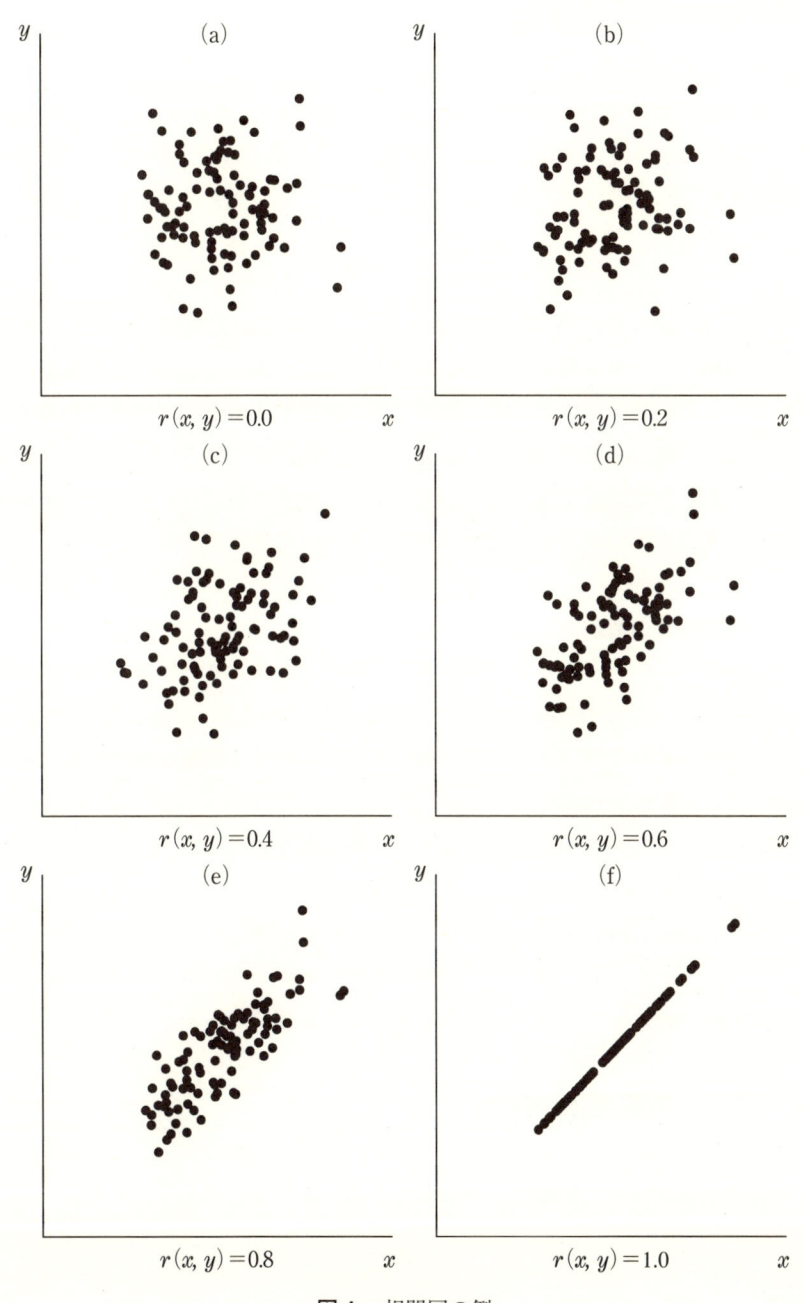

(a) $r(x, y) = 0.0$

(b) $r(x, y) = 0.2$

(c) $r(x, y) = 0.4$

(d) $r(x, y) = 0.6$

(e) $r(x, y) = 0.8$

(f) $r(x, y) = 1.0$

図4　相関図の例

$$r(x,y) = \frac{S(x,y)}{S(x)S(y)}, \quad -1 \leq r(x,y) \leq +1 \tag{10}$$

ここで，$S(x)$ と $S(y)$ はそれぞれ x と y の標準偏差，$S(x,y)$ は x と y の共分散である。共分散 $S(x,y)$ は次式によって定義される。x_i と y_i はそれぞれ生徒 i の変数 x と変数 y の得点である。

$$S(x,y) = \frac{1}{n}\sum_{i=1}^{n}(x_i - \bar{x})(y_i - \bar{y}) \tag{11}$$

$\sum_{i=1}^{n}(x_i - \bar{x})(y_i - \bar{y})$ は平均偏差の積和である。2変数の偏差はそれぞれ正あるいは負の値になるが，散布図を2変数の平均で4分割したとき，第1象限と第3象限に入る偏差の積は正，第2象限と第4象限に入る偏差の積は負である。したがって，共分散は散布図が右上がりの細い楕円形になるほど正の大きな値になり，右下がりの細い楕円形になるほど負の大きな値になる。一方，標準偏差は正であるから，共分散の符号と相関係数の符号は一致する。

2　相関係数の解釈

相関係数は−1から＋1までの値をとり，得点が右下がりの直線上にすべて乗るとき−1，右上がりの直線上にすべて乗るとき＋1である。±1に近いほど，2変数の相関関係は大きいといえる。相関係数を解釈する明確な基準はないが，おおよそ以下の目安に従う。

|　$|r(x,y)| \leq 0.2$ 　　　　　ほとんど相関がない
　$0.2 < |r(x,y)| \leq 0.4$ 　　　やや相関がある
　$0.4 < |r(x,y)| \leq 0.6$ 　　　やや大きな相関がある
　$0.6 < |r(x,y)| \leq 0.8$ 　　　大きな相関がある
　$0.8 < |r(x,y)|$ 　　　　　　きわめて大きな相関がある

V　テストの妥当性と信頼性

妥当性（validity）と信頼性（reliability）はよいテストの要件である。

1 妥当性

かつては,検査で測定しようとしている心理特性をねらいどおりに測定している程度が,検査の妥当性であるといわれた。そして,内容的妥当性,基準関連妥当性,構成概念妥当性が主要な妥当性の種類であるとされた。たとえば,学力検査の場合,内容的妥当性とは学習指導要領で掲げる教育目標が検査に含まれるかどうか,基準関連妥当性とは同じ学力を測定するとされる確かな基準を用意したとき,それとの相関関係があるかどうか,構成概念妥当性とは学力の高低から予想される命題を立て,それをデータから実証できるかどうかである。

妥当性はこのように,あるいはそれ以上に細かく分類されてきたが,それぞれの妥当性は相互に関係し,厳密には分類することはできない。そのため,現在では,所与の検査得点からなされる推論の正当性を妥当性としている。そして,その推論を裏づけるための証拠を累積するプロセスが検査の妥当化(妥当性の確認)と呼ばれる。

2 信頼性

信頼性とは,同一の生徒に対して同一の条件のもとで同一のテストを繰り返し実施したとき,一貫して同一の得点が得られる程度をいう。しかし,問題項目の記憶,練習効果,特性の変化などがあるため,実際には,一人の生徒に同一のテストを繰り返し実施して信頼性を調べることは難しい。そのため,同一の受検者集団に対して1度ないし2度テストを実施して信頼性を評価する。

信頼性を評価する準備として,生徒 i の得点 x_i を次式のように分解する。

$$x_i = t_i + e_i \qquad \text{測定値の分解} \tag{12}$$

$$S^2(x) = S^2(t) + S^2(e) \qquad \text{測定値の分散の分解} \tag{13}$$

ここで,t_i は生徒 i の真値(true value),e_i は測定誤差(error)である。学習効果や疲労がないとして,同じテストを繰り返し受検したときの平均点が真値 t_i である。e_i が小さいほど精度の高いテストである。信頼性係数はそうした精度の大きさを評価する。

(1) 信頼性係数

信頼性係数 $\rho(x)$ は測定値の分散 $S^2(x)$ に占める真値の分散 $S^2(t)$ の割合,

すなわち

$$\rho(x) = \frac{S^2(t)}{S^2(x)} = \frac{S^2(x) - S^2(e)}{S^2(x)} \tag{14}$$

として定義される。すべての生徒を通して測定の誤差が0であれば$S^2(e)$が0となるので，信頼性係数の最大値は1である。明確な基準はないが，0.8が信頼性の高い検査としてクリアすべき大きさであるといわれる。

従来から信頼性係数を推定する多くの公式や係数が提案されてきた。著名な公式には Spearman-Brown の公式，Rulon の公式，Cronbach の α 係数，θ 係数，一般化 Ω 係数などがある。現在，Cronbach の α 係数がもっともよく利用される。この係数は正答を1点，誤答を0点として項目を採点している場合は Kuder-Richardson の公式21と一致する。

(2) 真値の信頼区間の推定

真値の信頼度100α％の信頼区間とは，ある区間の中に真値が入ると判断したとき，その判断が当たる可能性が100α％となる区間である。すべての生徒について，誤差が平均0，分散$S^2(e)\{=S^2(x)[1-\rho(x)]\}$の正規分布に従うと仮定すると，真値$t_i$の信頼度90％の信頼区間は以下のようになる。ここで，$S(x)$はテスト得点の標準偏差，$\rho(x)$は信頼性係数の推定値である。

$$x_i \pm 1.645 \times S(x)\sqrt{1-\rho(x)} \tag{15}$$

たとえば，$\rho(x)=0.8$，$S(x)=10$のとき，60点の信頼度90％の信頼区間は

$$60 \pm 1.645 \times 10\sqrt{1-0.8} \Rightarrow (52.6, 67.4) \tag{16}$$

となる。ここでは90％という大きな信頼度を設定したため，それに伴い信頼区間の幅も広い。それでも，テストの平均点が50であるとすれば，この生徒の真値が平均点よりも大きいことはほぼ間違いないといえる。

VI 項目反応理論

学力検査の問題に正答できるかどうかは，学力と問題の困難度によって決まる。項目反応理論（item response theory；IRT）は，学力と困難度を同一尺度上で定義したうえで，ある種の統計的関数を用いて正答確率を定義する。これにより，項目によらない測定（item-free measurement）と受検者によらない測

定（sample-free measurement）とが可能となった。項目によらない測定とは、1つの尺度上に全項目の困難度を目盛り付けしておけば、任意の項目で生徒の学力を推定できるということである。したがって、同じ項目を使わなくても、時間経過に伴う個人の学力変化や、集団としての学力変化を追跡調査できる。

受検者によらない測定とは、どのような受検者集団にテストを実施しても、項目の母数は不変（invariant）であるという原理である。この原理により、項目母数を推定する際に標本抽出に神経質にならずにすむ。

1 項目反応モデル

項目反応理論には、二値的採点項目に適用するロジスティック・モデルと、多値的採点項目に適用する段階反応モデルや部分採点モデルなどがある。ここではロジスティック・モデルを説明する。

(1) 3母数ロジスティック・モデル

ある生徒の学力の大きさを θ、項目 j の識別力を $a_j(>0)$、困難度を b_j、当て推量による偶然正答確率を $c_j(>0)$ とする。ロジスティック・モデルは、この生徒が項目 j に正答する確率 $P_j(\theta)$ を次のように定義する。

$$P_j(\theta) = c_j + (1-c_j)\frac{1}{1+\exp\{-Da_j(\theta-b_j)\}} \tag{17}$$

D は尺度係数で、1.7あるいは1.0とする。この式を学力の大きさの関数とみなしたとき、項目特性曲線という。

上式のモデルは項目の特徴を記述する母数が3つあるので、3母数ロジスティック・モデルと呼ばれる。3母数ロジスティック・モデルの項目特性曲線の例を図5の (a) に示す。横軸は学力 θ の大きさで、右へ行くほど大きい。縦軸は正答確率 $p_j(\theta)$ である。項目1は学力が小さくても正答確率が大きいのでやさしい項目、項目2はそれよりも難しい項目である。項目3は能力値が大きい生徒でないと正答確率も大きくならないので、項目1と項目2よりも難しい項目である。

一方、曲線の勾配を比べると、項目2は項目3よりも急である。このことは、項目2が学力の微少な違いを正答確率を通して検出できることを意味する。したがって、項目2は項目3よりも識別力が大きいといえる。当て推量による偶

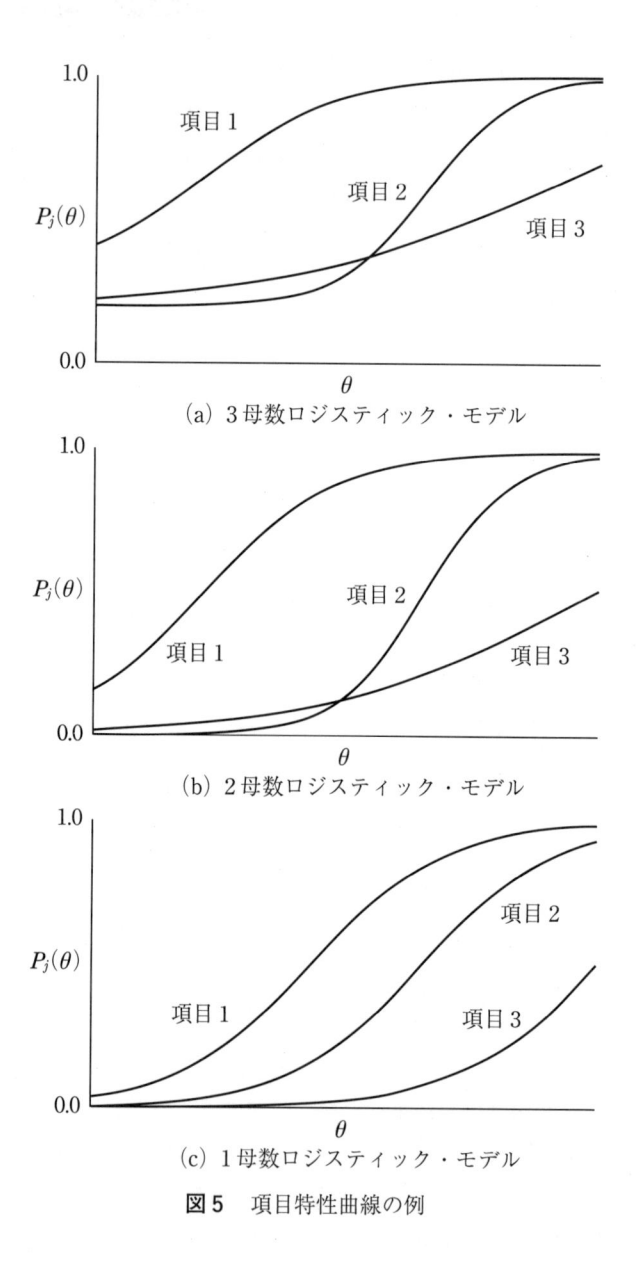

(a) 3母数ロジスティック・モデル

(b) 2母数ロジスティック・モデル

(c) 1母数ロジスティック・モデル

図5 項目特性曲線の例

然正答確率 c_j は能力値 $\theta = -\infty$ としたときの正答確率である。項目1の偶然正答確率がもっとも大きい。

(2) 2母数ロジスティック・モデル

偶然正答確率 c_j を0とおいたモデルは2母数ロジスティック・モデルと呼ばれる。確率 $P_j(\theta)$ は以下のように定義される。

$$P_j(\theta) = \frac{1}{1 + \exp\{-Da_j(\theta - b_j)\}} \tag{18}$$

このモデルの項目特性曲線の例を図5の(b)に示す。曲線の位置により項目1がもっともやさしく、項目3がもっとも難しいことがわかる。また、曲線の勾配を比べると、項目2の識別力がもっとも大きいことがわかる。

(3) 1母数ロジスティック・モデル

1母数ロジスティック・モデルは2母数ロジスティック・モデルにおいて項目識別力がすべて等しいと仮定したモデルである。したがって、正答確率は能力値と項目困難度だけの関数になる。このモデルは開発者の名前 Rasch, G. をとって、ラッシュ・モデルとも呼ばれる。確率 $P_j(\theta)$ は以下のように定義される。

$$P_j(\theta) = \frac{1}{1 + \exp\{-(\theta - b_j)\}} \tag{19}$$

項目特性曲線の例を図5の(c)に示す。能力値の大きさに関係なく、すべての生徒に一貫して項目1がもっともやさしく、項目3が難しい。

2　モデル母数の推定

項目母数と学力が未知数である。これを推定する方法として最尤法、周辺最尤法、ベイズ推定法などが提案されている。いずれも、ある項目に正答した生徒の学力はその項目の困難度よりも大きいとみなすのが妥当である、というのが基本的な考え方である。もちろん、うっかりミスで能力値よりも小さい困難度の項目に誤答したり、能力値よりも大きい項目に正答することはある。したがって、確率的に正誤の反応パターンをうまく説明する母数を推定値とする。

項目母数を既知として能力値をベイズ推定した例を表5に示す。表には項目母数（$D=1$ とした）、正誤の反応パターン、能力推定値を示す。わずか5項目

であるが，困難度の値と正誤の反応パターンをうまく説明する能力推定値になっていることが理解できよう。

表5　能力値の推定例

項目	1	2	3	4	5	
識別力	1.0	1.5	1.0	2.0	2.5	
困難度	−1.0	1.0	0.0	1.5	2.0	
偶然正答確率	0.3	0.1	0.1	0.1	0.3	能力推定値
生徒1	1	1	1	0	−	0.609
生徒2	−	1	1	1	0	1.090
生徒3	1	0	0	0	0	−0.499
生徒4	−	0	1	0	−	−0.092
生徒5	1	−	−	−	−	0.158

（注）1は正答，0は誤答，−は未提示を示す。

　1項目しか提示していない生徒5でも能力値を推定できるのはベイズ推定法の利点である。また，生徒3と生徒5は項目1だけしか正答していないが，生徒3には5項目すべてを提示しているので，能力推定値が生徒5とは異なる。

　生徒によって解答した項目は異なるが，項目母数が共通の尺度上で与えられているので，能力値も相互に比較できる。したがって，この5人の中では生徒2がもっとも学力が高いと推察される。

付　録

小学校児童指導要録／中学校生徒指導要録

平成13年4月改訂

小学校児童指導要録 （参考様式）

様式1（学籍に関する記録）

区分＼学年	1	2	3	4	5	6
学　級						
整理番号						

<table>
<tr><th colspan="5">学　籍　の　記　録</th></tr>
<tr><td rowspan="4">児童</td><td>ふりがな
氏　名</td><td></td><td rowspan="2">性別</td><td>入学・編入学等</td><td>平成　年　月　日　第1学年入学
　　　　　　　　　　　第　学年編入学</td></tr>
<tr><td>平成　年　月　日生</td><td></td></tr>
<tr><td>現住所</td><td colspan="2"></td><td>転入学</td><td>平成　年　月　日　第　学年転入学</td></tr>
<tr><td colspan="3"></td><td></td><td></td></tr>
<tr><td rowspan="2">保護者</td><td>ふりがな
氏　名</td><td colspan="2"></td><td rowspan="2">転学・退学等</td><td>（平成　　年　　月　　日）
　平成　　年　　月　　日</td></tr>
<tr><td>現住所</td><td colspan="2"></td><td></td></tr>
<tr><td colspan="3"></td><td>卒　業</td><td>平成　年　月　日</td></tr>
<tr><td colspan="2">入学前の経歴</td><td colspan="2"></td><td>進学先</td><td></td></tr>
<tr><td colspan="3">学　校　名
及　　　び
所　在　地
（分校名・所在地等）</td><td colspan="3"></td></tr>
</table>

区分＼年度＼学年	平成　年度 1	平成　年度 2	平成　年度 3
校長氏名印			
学級担任者 氏　名　印			

区分＼年度＼学年	平成　年度 4	平成　年度 5	平成　年度 6
校長氏名印			
学級担任者 氏　名　印			

付　録　小学校児童指導要録

様式2（指導に関する記録）

児　童　氏　名	学　　校　　名	区分＼学年	1	2	3	4	5	6
		学　級						
		整理番号						

各教科の学習の記録

I　観点別学習状況

教科	観　　点　　　　　　　学年	1	2	3	4	5	6
国語	国語への関心・意欲・態度						
	話す・聞く能力						
	書く能力						
	読む能力						
	言語についての知識・理解・技能						
社会	社会的事象への関心・意欲・態度						
	社会的な思考・判断						
	観察・資料活用の技能・表現						
	社会的事象についての知識・理解						
算数	算数への関心・意欲・態度						
	数学的な考え方						
	数量や図形についての表現・処理						
	数量や図形についての知識・理解						
理科	自然事象への関心・意欲・態度						
	科学的な思考						
	観察・実験の技能・表現						
	自然事象についての知識・理解						
生活	生活への関心・意欲・態度						
	活動や体験についての思考・表現						
	身近な環境や自分についての気付き						
音楽	音楽への関心・意欲・態度						
	音楽的な感受や表現の工夫						
	表現の技能						
	鑑賞の能力						
図画工作	造形への関心・意欲・態度						
	発想や構想の能力						
	創造的な技能						
	鑑賞の能力						
家庭	家庭生活への関心・意欲・態度						
	生活を創意工夫する能力						
	生活の技能						
	家庭生活についての知識・理解						
体育	運動や健康・安全への関心・意欲・態度						
	運動や健康・安全についての思考・判断						
	運動の技能						
	健康・安全についての知識・理解						

II　評　　定

学年＼教科	国語	社会	算数	理科	音楽	図画工作	家庭	体育
3								
4								
5								
6								

総合的な学習の時間の記録

学年	学　習　活　動	評　　　価（観点）
3		
4		
5		
6		

特別活動の記録

内　　容	1	2	3	4	5	6
学級活動						
児童会活動						
クラブ活動						
学校行事						

行　動　の　記　録

項　目＼学年	1	2	3	4	5	6
基本的な生活習慣						
健康・体力の向上						
自主・自律						
責任感						
創意工夫						
思いやり・協力						
生命尊重・自然愛護						
勤労・奉仕						
公正・公平						
公共心・公徳心						

出　欠　の　記　録

区分＼学年	授業日数	出席停止・忌引等の日数	出席しなければならない日数	欠席日数	出席日数	備　　　　考
1						
2						
3						
4						
5						
6						

223

| 児童氏名 | |

総合所見及び指導上参考となる諸事項

第1学年		第4学年	
第2学年		第5学年	
第3学年		第6学年	

(注) 「総合所見及び指導上参考となる諸事項」の欄には，以下のような事項などを記録する。
　①各教科や総合的な学習の時間の学習に関する所見
　②特別活動に関する事実及び所見
　③行動に関する所見
　④児童の特徴・特技，学校内外における奉仕活動，表彰を受けた行為や活動，知能，学力等について標準化された検査の結果など指導上参考となる諸事項
　⑤児童の成長の状況にかかわる総合的な所見

付　録　中学校生徒指導要録

中学校生徒指導要録　（参考様式）

様式1（学籍に関する記録）

区分＼学年	1	2	3
学　級			
整理番号			

学　籍　の　記　録

生徒	ふりがな 氏　名		性別	入学・編入学等	平成　年　月　日　第1学年入学 第　学年編入学
	昭和・平成　年　月　日生				
	現住所			転入学	平成　年　月　日　第　学年転入学
保護者	ふりがな 氏　名			転学・退学等	（平成　年　月　日） 平成　年　月　日
	現住所				
				卒　業	平成　年　月　日
入学前の経歴				進学先・就職先等	
学校名及び所在地 （分校名・所在地等）				区分＼年度＼学年	平成　年度 / 1 ・ 平成　年度 / 2 ・ 平成　年度 / 3
				校長氏名印	
				学級担任者 氏名印	

225

様式2（指導に関する記録）

生徒氏名		学校名		区分＼学年	1	2	3
				学　級			
				整理番号			

各教科の学習の記録

必修教科					選択教科				
I 観点別学習状況					I 観点別学習状況				
教科	観点 ＼ 学年	1	2	3	教科	観点 ＼ 学年	1	2	3
国語	国語への関心・意欲・態度								
	話す・聞く能力								
	書く能力								
	読む能力								
	言語についての知識・理解・技能								
社会	社会的事象への関心・意欲・態度								
	社会的な思考・判断								
	資料活用の技能・表現								
	社会的事象についての知識・理解								
数学	数学への関心・意欲・態度								
	数学的な見方や考え方								
	数学的な表現・処理								
	数量，図形などについての知識・理解								
理科	自然事象への関心・意欲・態度								
	科学的な思考								
	観察・実験の技能・表現								
	自然事象についての知識・理解								
音楽	音楽への関心・意欲・態度								
	音楽的な感受や表現の工夫								
	表現の技能								
	鑑賞の能力								
美術	美術への関心・意欲・態度								
	発想や構想の能力								
	創造的な技能								
	鑑賞の能力								
保健体育	運動や健康・安全への関心・意欲・態度								
	運動や健康・安全についての思考・判断								
	運動の技能								
	運動や健康・安全についての知識・理解								
技術・家庭	生活や技術への関心・意欲・態度								
	生活を工夫し創造する能力								
	生活の技能								
	生活や技術についての知識・理解								
外国語	コミュニケーションへの関心・意欲・態度								
	表現の能力								
	理解の能力								
	言語や文化についての知識・理解								

II 評定									II 評定				
教科＼学年	国語	社会	数学	理科	音楽	美術	保健体育	技術・家庭	外国語	教科＼学年			
1										1			
2										2			
3										3			

総合的な学習の時間の記録

学年	学習活動	観点	評価
1			
2			
3			

付　　録　　中学校生徒指導要録

生徒氏名

特別活動の記録				行　動　の　記　録									
内容 学年	学級 活動	生徒会 活動	学校 行事	項目 学年	基本的な 生活習慣	健康・体 力の向上	自主・ 自律	責任感	創意工夫	思いやり ・協力	生命尊重・ 自然愛護	勤労・ 奉仕	公正・ 公平	公共心・ 公徳心
1				1										
2				2										
3				3										

総合所見及び指導上参考となる諸事項

第1学年	第2学年	第3学年

出　欠　の　記　録

学年	区分	授業日数	出席停止・ 忌引等の日数	出席しなければ ならない日数	欠席日数	出席日数	備　考
1							
2							
3							

(注)「総合所見及び指導上参考となる諸事項」の欄には，以下のような事項などを記録する。
① 各教科や総合的な学習の時間の学習に関する所見
② 特別活動に関する事実及び所見
③ 行動に関する所見
④ 進路指導に関する事項
⑤ 生徒の特徴・特技，学校内外における奉仕活動，表彰を受けた行為や活動，知能，学力等について標準化された検査の結果など指導上参考となる諸事項
⑥ 生徒の成長の状況にかかわる総合的な所見

■参考文献

第1部　教育評価の意義と考え方

東　洋・梅本堯夫・芝祐順・梶田叡一編　1988　現代教育評価事典　金子書房
天野正輝　1993　教育評価史研究　東信堂
石田恒好　2002　評価を上手に生かす先生［平成14年版］　図書文化
梶田叡一　1994　教育における評価の理論　金子書房
梶田叡一　2001　教育評価［第2版補訂版］　有斐閣
辰野千壽　2002　教育評価を学ぶ重要性　指導と評価 Vol.48-4　図書文化
辰野千壽　2002　新教育課程と教育評価　指導と評価 Vol.48-5　図書文化
橋本重治　2000　到達度評価の研究［新装版］　図書文化
橋本重治　2001　続・到達度評価の研究［新装版］　図書文化
肥田野直　1991　教育評価［改訂版］　放送大学教育振興会
森敏昭・秋田喜代美編　2000　教育評価重要用語300の基礎知識　明治図書

第2部　評価資料収集の技法

東　洋・梅本堯夫・芝祐順・梶田叡一編　1988　現代教育評価事典　金子書房
安彦忠彦　1987　自己評価　図書文化
安藤輝次　2001　ポートフォリオで総合的な学習を創る　図書文化
石田恒好　2002　評価を上手に生かす先生［平成14年版］　図書文化
(財)応用教育研究所　2002　標準学力検査Q&A　指導と評価　Vol.48-10　図書文化
北尾倫彦編　1996　新しい評価観と学習評価　図書文化
キャロライン.W.ギップス（鈴木秀幸訳）　2001　新しい評価を求めて　論創社
河村茂雄　1998　たのしい学校生活を送るためのQ-U実施解釈ハンドブック　図書文化
辰野千壽　2001　［改訂増補］学習評価基本ハンドブック　図書文化
橋本重治　2000　到達度評価の研究［新装版］　図書文化
橋本重治　2001　続・到達度評価の研究［新装版］　図書文化
松原達哉　2002　心理テスト法入門［第4版］　日本文化科学社
宮島邦夫　2000　標準学力検査―NRTとCRT　指導と評価　Vol.46-11
宮島邦夫　2003　目標基準準拠評価と教研式標準学力検査CRT　指導と評価　Vol.49-3

第3部　学習評価の手順と実際

上野一彦ほか編　2001　LDの教育　日本文化科学社
(財)応用教育研究所編　2003　学力検査の解説　図書文化
北尾倫彦ほか編　2002　新・評価基準表　図書文化
藤岡秀樹　1994　学力・能力・適性の評価と指導　法政出版
松原達哉　1992　学習についての相談　ぎょうせい

第4部　知能・適性・人格の評価

青柳　肇・杉山憲司編　1996　パーソナリティ形成の心理学　福村出版
詫摩武俊　1998　悩む性格・困らせる性格　講談社現代新書
辰野千壽　1999　行動・性格アセスメント基本ハンドブック　図書文化
辰野千壽　1997　学習方略の心理学　図書文化
辰野千壽　1995　知能検査基本ハンドブック　図書文化
辰野千壽　1987　家庭学習の知恵・三訂版　図書文化新書
内藤俊史　1991　子ども・社会・文化—道徳的なこころの発達　サイエンス社
日本道徳性心理学研究会編　1992　道徳性心理学—道徳教育のための心理学　北大路書房
B. ウォールマン（杉原一昭監訳）1985　知能検査ハンドブック第1編（基礎編），第2編（応用編）田研出版
松原達哉編　2002　心理テスト法入門［第4版］　日本文化科学社

第5部　学級・学校経営の評価

安彦忠彦編　1999　新版　カリキュラム研究入門　頸草書房
牧昌見編　1986　学校経営診断マニュアル　教育開発研究所
西村文男・天笠　茂・堀井啓幸編　1994　学校評価の論理と実践　教育出版
石田恒好　2002　新・通信簿　図書文化
熱海則夫・石田恒好・北尾倫彦・山極隆　2001　新指導要録の解説と実務　図書文化

付　章

南風原朝和　2002　心理統計学の基礎　有斐閣
服部　環・海保博之　1996　Q&A心理データ解析　福村出版
渡部　洋編　2002　心理統計の技法　福村出版

■事項索引

[あ]
IEP（個別教育計画） 140
IQ（知能指数） 77
アカウンタビリティー 176, 184
アセスメント 17
アンサー・チェッカー 118
アンダー・アチーバー 141, 154

[い]
一対比較法 87
一般因子 145
一般能力 144
逸話記録法 89

[う]
WISC検査 150
内田クレペリン精神作業検査 166

[え]
ATI（適性処遇交互作用） 23, 28
ADHD（注意欠陥多動性障害） 139
SCT（文章完成検査） 168
NRT→集団基準準拠標準学力検査
NAEP（ナショナル・アセスメント） 184
MA（精神年齢） 77
M-G性格検査 165
LD（学習障害） 140, 135
演繹的思考 128

[お]
オーセンティック・アセスメント 24, 96

[か]
絵画統覚検査（TAT） 168
概観検査 74
下位検査 75, 148
解釈（評価）の方法 35
外的評価計画（教育計画の評価） 182
科挙 18
学業適性 144
学業不振 138
拡散的思考（直感的思考） 127

学習障害（LD） 140, 135
学習スタイル 159
学習適応性検査（AAI） 157, 139
学習の評価 27, 111
学習目的（評価の） 13
学籍簿 195
確率変数 210
確率分布 210
学力向上要因 158
学力調査 178, 183
学力の二層構造論 50
学級満足度尺度（Q-U） 95, 139
学校評価 29, 184
学校評議員 189
カリキュラムの評価 174
観察場面（評価場面の） 32
観察評定 119
観察法 83
関心・意欲・態度（の評価法） 133
完成法 62
完全習得学習 117, 23
完全習得テスト → マスタリー・テスト
寛大の誤謬 88
観点 103
観点別学習状況 120, 198
観点別評価の一般的手順 112
管理機能（指導要録の） 197
管理目的（評価の） 13

[き]
気質 160
記述的評定尺度 86
規準（criterion） 39, 31, 44, 80, 111
基準（standard） 39, 35
　集団基準準拠評価の基準 77
　目標基準準拠評価の基準 81
基準関連妥当性 215
基礎学力 50

技能（の評価法） 131
客観性 34
客観テスト 56, 20
Q-U（学級満足度尺度） 95, 139
教育計画・指導法の評価 29, 174
教育検査 73
教育成果（出力） 11, 177
教育測定 15
教育測定運動 19
教育評価 10, 15
　～の手順 29
　～の目的 12, 30
　～の領域 27
教育目標 10
　～の具体化 104
　～の分類 100
　～の分類学 22
境界域（知能の） 139
教科適性検査 157
教師自作テスト 72
共分散 214
興味 161

[く]

組合せ法 60

[け]

KR情報 108, 117, 119
K-ABC 142, 146
形成的テスト 109, 118, 72
形成的評価 108, 117
ゲス・フー・テスト 93, 170
原因帰属 158
眩暈効果（後光効果） 66, 88, 90
研究目的（評価の） 14
言語式検査（A式） 74, 150

[こ]

効果指数 120
効果の評価（指導の） 179
構成概念（構成的）妥当性 151, 215
口答法 70, 118
行動 161

～の評価法 169
行動見本の誤謬 84
行動目標 31, 104
広汎性発達障害 139
項目特性曲線 217
項目反応モデル 217
項目反応理論（IRT） 216
交友測定法（ソシオメトリー） 94
個人内評価 37
5段階相対評価 36
誤答分析 35
個別教育計画（IEP） 140
個別式検査（個人検査） 74, 150
困難度 216

[さ]

再生形式 61
再認形式 56
サイバネティックス 22
作業式検査，作業検査法 74, 166
作品・表現の評価法 132
作品法 84
散布度 207

[し]

CRT→目標基準準拠標準学力検査
CA（生活年齢） 77
CAI 43
GATB（厚生労働省編職業適性検査） 156
CMI 43
CDI（抑うつ傾向検査） 163
G-P分析 76
試験場面（評価場面の） 32
思考・判断の評価法 127
自己診断法→質問紙法
事後テスト 119
事後の評価（単元の） 119
自己評価 90, 170
自己目録法→質問紙法
指数法 77
システム 10
事前テスト 116

231

事前の評価（単元の） 115
質問紙法 69, 163
指導過程の評価（単元の） 117
指導機能（指導要録の） 196
指導目的（評価の） 12
指導要録 195
社会測定的テスト 93
社会的望ましさ 162
集団基準 39, 36, 45
集団基準準拠解釈（または評価） 36, 44
集団基準準拠標準学力検査 74, 135
　〜の利用法 134
集団式検査（団体式検査） 74, 150
集中的思考（論理的思考） 127
授業効率 180
出力（教育の成果） 11, 177
峻厳の誤謬 88
情意的領域 102
成就指数 153
成就値 153, 138, 141
情緒 160
証明機能（指導要録の） 196, 197
職業興味検査 157
職業適性検査 156
所見 198
序列法 87
資料解釈力（帰納的思考） 128
人格 160
真偽法（諾否法，正誤法） 57
真正の評価 24, 96
診断検査 74
診断的評価 107, 115
真値 215
　〜の信頼区間 216
信頼性 34, 215
信頼性係数 215
心理検査 73

[す]

図式評定尺度 86

[せ]

性格検査法 163
生活年齢（CA） 77
正規分布 210
正誤のケース 41
精神運動領域 102
精神作業検査 166
精神年齢（MA） 77
精神能力 144
正答確率 216, 217
積率相関係数 212
絶対評価（目標基準拠評価） 44, 36
　〜の長所と難点 47
　〜の利用法 49
z 得点（標準得点） 78
Z 得点（偏差値） 79, 209
潜在能力 151
選択完成法 62
選択肢 59
選択法 58
前提条件テスト 115

[そ]

総括的テスト 110, 72
総括的評価 109, 119
相関係数 212
相関図 212
総合的な学習の時間の記録 198
相互評価 92, 170
創造性 130
創造的思考 127, 130
相対評価（集団基準準拠評価） 45, 36
　〜の長所と難点 48
　〜の利用法 49
測定 15
測定運動 19
測定誤差 215
測度 15
ソシオグラム 94
ソシオメトリー（交友測定法） 94
ソシオメトリック・テスト 93

[た]

態度　133, 161
代表値　206
多因子説　145
多肢選択法　59
多重知能論　146
妥当性　34, 151, 215
段階点基準　79
単純再生法　61
団体検査（集団式検査）　150
短文体テスト　64

[ち]

チェックリスト　87
知識・原理の応用力（演繹的思考力）　128
知識・理解の評価法　124
知的障害　137
知能　144
知能検査　148, 20, 152
知能指数（IQ）　77
中央値（メジアン）　207
中心化傾向の誤謬　88
調査書　200

[つ]

通信簿　191

[て]

D-IQ（偏差知能指数）　77
TAT（絵画統覚検査）　168
訂正法　63
T得点　79
適応性　161
適性　154
適性検査　155, 165
適性処遇交互作用（ATI）　23, 28
テスト　17
テストバッテリー　135
テスト法　56

[と]

投影法　166
等現間隔法　87
動作式（性）検査　150

到達基準　44

到達度評価　44, 36
到達目標　106
道徳性　161, 171
道徳の評価法　171
特殊因子　145
特殊知能　155
特殊知能検査　150
得点の標準化　208
得点率　81
度数多角形　205
度数分布表　204

[な]

内申書　200
内的評価計画（教育計画の評価の）　179
内容の妥当性　215
内容のまとまりごとの評価規準　113

[に]

2因子説　145
入力（能力・適性等）　11, 178
入力諸条件の評価　28
認知的領域　101

[ね]

年齢尺度法　77

[の]

能力推定値　220
能力値　217, 219

[は]

パーセンタイル　79, 212
配列法　63
パフォーマンス・アセスメント　24, 131
八年研究　21, 184
発展的学力　50
判定基準　114

[ひ]

非言語式検査（B式）　74, 150
ヒストグラム　205
ビネー・テスト　20
評価　10, 15
　〜の観点　103

233

～の機能　12
　　～の規準　→　規準
評価資料の収集場面　32
評価用具　32, 111, 125
表現の評価法　132
標準検査　73, 75, 20
標準学力検査の利用法　134, 181
標準正規分布　210
標準得点（z得点）　78, 209
標準偏差　78, 208
評定　17, 120
評定（欄）　120, 198
評定尺度　86, 169
評定法　85

[ふ]

不安検査　164
フィードバック　10, 11, 22, 117
プライバシー　162, 199
分割点　80
分散　207
文章完成検査（SCT）　168
文章記述評定尺度　114, 119
分布の型　206
分布の尖り（尖度）　208
分布の歪み（歪度）　208

[へ]

平均　206
平均誤差法　41
平均偏差　207
偏差値（Z得点）　79, 209
偏差知能指数（D-IQ）　77
変数　210
弁別力　76

[ほ]

方向目標　106
ポートフォリオ　95, 24
ポートフォリオ・アセスメント　24
ポートフォリオ検討会　96
補助簿　190

[ま]

マスタリー・テスト　23, 105

[み]

ミニマム・エッセンシャル　50
ミニマム・コンピテンシー・テスト　184

[め]

メジアン（中央値）　207
メタ認知能力　90
面接法　89

[も]

モード（最頻値）　206
目標基準準拠解釈（または評価）　36, 44
目標基準準拠標準学力検査　80, 74, 135
　　～の利用法　136
目標の具体化表　104
目標の分析と具体化　30, 104
問題場面テスト　66, 129

[よ]

抑うつ傾向検査（CDI）　163
予測性　151
予測的妥当性　157

[ら]

ラポート　90

[り]

理解の評価法　126

[る]

累積度数　204
ルーブリック　96, 131

[れ]

レディネス　115
レディネス・テスト　157
連続変数　212

[ろ]

ロールシャッハ・テスト　167
ロジスティック・モデル　217
論文体テスト　64
論理的誤謬　88
論理的思考（集中的思考）　127, 128

[わ]

Y-G性格検査　165

■人名索引

[あ行]
アイズナー, E.W. 47, 50
石川七五三二 146
ウィーナー, N. 22
ウェスマン, A.G. 66
内田勇三郎 166
エアラシアン, P.W. 41
エーベル, R.L. 82
オーティス, A.S. 150
岡部弥太郎 20

[か行]
ガードナー, H. 95, 146
カウフマン, D.&P. 146
金井達蔵 106
キャッテル, J.M. 19, 85
キャロル, J.A. 23, 117
ギルフォード, J.P. 127, 145
クック, W.W. 91
倉智佐一 103
グレイサー, R. 23, 43
クレペリン, E. 166
クロンバック, L.J. 23
グロンランド, N.E. 50, 145
ケーガン, J. 159
コーチス, S.A. 20
コバックス, M. 163
ゴルトン, F. 19, 85

[さ行]
サーストン, L.L. 145, 148
ジェンセン, A.R. 147
シモン, T. 20
シュテルン, W. 77, 144
スキナー, B.F. 22
スクリバン, M. 23, 106
ストーン, C.W. 20
ストロング, E.K. 157
スピアマン, C.E. 145

スピールバーガー, C.D. 164
ソーンダイク, E.L. 19, 41, 48, 144

[た行]
ターマン, L.M. 77, 144, 146
タイラー, R.W. 21, 23
辰野千壽 158
田中寛一 20
續 有恒 106
デイブ, R.H. 102
戸川行男 167

[は行]
ハーツホン, H. 93
ハガティー, M.A. 144
橋本重治 103, 106
ビネー, A. 19, 20, 77, 144
ビューラー, C. 144
ヒルズ, J.R. 29
広岡亮蔵 103
ヒロニマス, A.N. 46
ピントナー, R. 144
フィッシャー, G. 19
ブルーム, B.S. 22, 101, 105

[ま行]
マツコール, W.A. 20
マレー, H.A. 168
三宅鉱一 20
メイ, M.A. 94
メーレンス, W.A. 145
本明 寛 167
モリソン, H.C. 42
モレノ, J.L. 94

[や行・ら行・わ]
ヤーキズ, R.M. 150
ライス, J.M. 19
リンドキスト, E.F. 35
ロールシャッハ, H. 167
ワイナー, B. 158

235

● 執筆者（執筆順　2003年4月現在）●

辰野　千壽　応用教育研究所所長（1，2章）
石田　恒好　文教大学学長・応用教育研究所所員（3，12章）
長澤　俊幸　前・応用教育研究所研究部長・所員（4，11章）
宮島　邦夫　応用教育研究所研究部長・所員（5，7章）
村主　典英　応用教育研究所所員（6，8章）
海保　博之　筑波大学教授・応用教育研究所所員（9章）
桜井　茂男　筑波大学助教授・応用教育研究所所員（10章）
服部　　環　筑波大学助教授・応用教育研究所所員（付章）

● 編 集 者 ●

辰野千壽　1920年生まれ。東京文理科大学卒業。文学博士。東京教育大学教授，筑波大学副学長，上越教育大学学長を歴任，筑波大学・上越教育大学名誉教授。現在，応用教育研究所所長，日本教材学会会長。
　　　　　主要著書：『学習心理学総説』（金子書房）『学習方略の心理学』『学習評価基本ハンドブック』『教室経営の方略』（図書文化）ほか

石田恒好　1932年生まれ。東京教育大学卒業，同大学院博士課程修了。文教大学教授・教育学部長を経て，現在，同大学学長，応用教育研究所所員。
　　　　　主要著書：『新・通信簿』『新指導要録の解説と実務』『評価を上手に生かす先生』（図書文化）ほか

2003年改訂版　教育評価法概説

2003年6月20日　改訂版第1刷発行

［検印省略］

原著者　　　橋本重治
改訂版編集　（財）応用教育研究所
発行人　　　清水庄八
発行所　　　株式会社　図書文化社
　　　　　　〒112-0012 東京都文京区大塚1-4-5
　　　　　　TEL 03-3943-2511　FAX 03-3943-2519
　　　　　　振替　00160-7-67697
　　　　　　http：//www.toshobunka.co.jp/
印刷・製本　株式会社　厚徳社
装幀者　　　藤川喜也

ISBN4-8100-3406-2　C3037
乱丁，落丁本はお取替えいたします。
定価は表紙カバーに表示してあります。

新学習指導要領に準拠して、基礎・基本の確実な定着のために

- ●児童生徒の学習状況の客観的把握
- ●学校カリキュラムの客観的な評価

教研式標準学力検査
NRT
Norm Referenced Test
集団基準準拠検査

著者　辰野千壽・石田恒好・服部　環ほか
　　　財団法人　応用教育研究所学力検査研究部

| 小学校・学年別 | 国語・社会・算数・理科 |
| 中学校・学年別 | 国語・社会・数学・理科・英語 |

①生きて働く学力育成の確認のために
②絶対評価を補完するための相対評価情報として

教研式標準学力検査
CRT
Criterion Referenced Test
目標基準準拠検査

著者　辰野千壽・北尾倫彦ほか
　　　財団法人　応用教育研究所学力検査研究部

| 小学校・学年別 | 国語・社会・算数・理科 |
| 中学校・学年別 | 国語・社会・数学・理科・英語 |

①基礎・基本の学習状況アセスメントに
②目標準拠による観点別学習状況評価と評定のために

図書文化

※資料の請求は図書文化社まで（TEL. 03-3943-2511）

学習の記録の評定に絶対評価導入！

「到達度評価」の真価が問われている、いま
不朽の名著を「新装版」として復刻！

教課審答申（平成十二年十二月）や「指導要録の改善等について（通知）」（平成十三年四月）により評価規準・評価方法等の研究開発が求められた。
① 基礎・基本を重視する新教育課程の児童生徒の学習状況の評価として
② 学校としての新教育課程の実施状況の評価として
到達度評価の手法が重要視されています。

橋本重治 著

新装版 到達度評価の研究
―その方法と技術―

● 教育評価の権威が内外の研究をもとに到達度評価の方法と技術を体系化。

● 目次
到達度評価の意義と目的／到達度評価の分類／到達度評価の一般的手続き／目標の具体化表の作成／到達度測定における項目の選択／到達度テストの作問法／到達度評価と関心・態度の評定の方法／到達度判定のための基準の設定の方法／到達度テストの妥当性・信頼性／教師自作の到達度評価テスト／標準化された到達度学力テスト／到達度評価と指導要録・通信簿／到達度評価の発展の歴史と問題点

A5判 ●本体2300円

新装版 続・到達度評価の研究
―到達基準の設定の方法―

● 到達度判定のための基準設定の具体的方法を明らかにする。

● 目次
到達度評価の意義と必要／到達基準設定の考え方と理論／到達基準設定の方法（その①観点別一括判断に基づく方法）／到達基準設定の方法（その②個々の小問の判断に基づく方法）／到達基準設定の方法（その③生徒の到達状況の判断とテスト実施に基づく方法）／付録・到達度評価用語解説

A5判 ●本体1900円

図書文化

※本体には別途消費税がかかります

評価の専門家と教課審・要録ワーキングのメンバーが完全解説

平成13年改訂 新指導要録の解説と実務
【小学校】【中学校】

A5判／240頁　本体各2,400円＋税

編著　熱海則夫　日本体育大学教授・元文部省大臣官房審議官
　　　石田恒好　文教大学学長
　　　北尾倫彦　京都女子大学教授・指導要録ワーキンググループ委員
　　　山極　隆　玉川大学教授・指導要録ワーキンググループ主査

本書では，新指導要録の体系的な理解のために，教育評価の専門家を執筆陣に迎え，評価の基礎理論から指導要録への記入の実際までを詳しく解説しました。

特徴
- ■目標に準拠した評価（絶対評価）に改められた「評定」の評価法を詳述
- ■新設「総合的な学習の時間の記録」「総合所見及び指導上参考となる諸事項」は，用語例つきで詳述
- ■指導要録に関連した補助簿，通信簿，内申書の関係を詳述
- ■記入や判断に迷う特殊事例など，あらゆる質問を網羅した「質疑応答」
- ■「ミニ辞典」では，教育評価のキーワードを平明かつ簡潔に解説
- ■「観点の変遷」「項目の変遷」など，利用価値の高い豊富な資料つき

さらに使いやすくなった要録記入マニュアルのロングセラー

平成13年改訂 新指導要録の記入例と用語例

編著者【小学校】熱海則夫・石田恒好・北尾倫彦・桑原利夫
　　　【中学校】熱海則夫・石田恒好・北尾倫彦・鈴木紘一

A5判／144頁　●2色刷記入見本付　本体各1,200円＋税

特徴
- ■学級担任には，簡にして要を得た記入の手引き
- ■新設「総合的な学習の時間の記録」の評価文例を，観点別，学習活動別に収録
- ■「総合所見及び指導上参考となる諸事項」は，記入内容別に豊富な用語例を収録
- ■「特別活動の記録」「行動の記録」各欄の評価規準表つき
- ■2色刷原寸記入見本つき

図書文化

※本体には別途消費税がかかります